Barbara Arzmüller

Energie- und Schutzschilde

Für Helmut,
der mich und meine Bilder liebt

Danksagung

Von Herzen danke ich allen Menschen und Lichtwesen, die beim Kreieren der Schilde und zur Entstehung des Buches beigetragen haben. Danke für eure Inspirationen!

Ich bedanke mich ganz herzlich für die Bestätigung und Unterstützung von allen, die mich und meine Bücher und Bilder lieben – meiner Familie, meinen Freunden und den vielen Kunden und Lesern. Danke euch allen!

Ganz besonders danke ich meinem Mann Helmut, weil er mit seiner Liebe für mich da ist und mich mit seinem klaren Blick für Schönheit und Stil wunderbar berät.

Ein herzliches Dankeschön sagen möchte ich außerdem Raphael Mankau und seinen Mitarbeitern im Mankau Verlag, die sich mit viel Engagement dieses Werks angenommen haben.

Mein herzlicher Dank gilt dazu meiner Lektorin Diana Napolitano, die ein treffsicheres Gespür hat und durch ihre Arbeit das Buch »rund« werden ließ.

Barbara Arzmüller

Energie- und Schutzschilde

Belastungen abwehren,
Chakren stärken und
positive Kräfte anregen

Mit 14 beiliegenden
Schild-Karten

Haben Sie Fragen an die Autorin?
Anregungen zum Buch?
Erfahrungen, die Sie mit anderen teilen möchten?
Nutzen Sie unser Internetforum:
www.mankau-verlag.de

man kau

Inhaltsverzeichnis

21 Energieschilde und 21 Schutzschilde 53

Vorwort

Ein Klang hat eine Farbe. Farben zeigen sich in unseren Chakren. Die Chakren haben mit Hormonen zu tun. Die Hormone sind maßgeblich für unsere Gesundheit. Die Gesundheit wiederum beeinflusst das Wohlbefinden. Dieses lässt sich durchaus in Klängen ausdrücken. Oder in Farben.

Der Reigen ließe sich beliebig erweitern. Denn dies alles sind nur scheinbar verschiedene Bereiche. Im Grunde handelt es sich nur um unterschiedliche Zugänge zu uns selbst. Es ist ein Netzwerk von vielen Einzelthemen, die unser Leben ausmachen. Wo wir einhaken und einen Aufbau beginnen, ist nicht entscheidend. Wichtig ist nur, dass wir irgendwo anfangen.

Mit diesem Buch möchte ich Ihnen Lust machen, sich um Ihre Gesundheit und Ihr Wohlergehen zu kümmern – und zwar mit Bildern, Formen und Farben, die unmittelbar und kraftvoll auf Ihre Chakren und damit auf Ihr gesamtes Lebensgefühl wirken. Spannend finde ich den Zusammenhang der Chakren mit den Drüsen und damit der Hormonproduktion im Körper. Das bedeutet: Mit dem Aufbau Ihrer Chakren bringen Sie ganz nebenbei auch Ihren Hormonhaushalt ins Gleichgewicht. Sie tun damit Ihrem Körper und Ihrer Psyche etwas Gutes. Mithilfe von speziell dafür entworfenen Schilden können Sie Ihr gesamtes System schützen und mit frischer Energie anreichern.

Mit fortschreitender Entwicklung wird Ihre Aura immer strahlender und stabiler werden. Sie werden nicht mehr ständig und vielleicht eines Tages auch nie mehr Schutz von außen benötigen. Doch gerade in der Entwicklungs- oder Umbruchphase ist es etwas Wunderbares, sich unterstützen zu lassen.

Mit Schilden zum Schützen und Stärken zu arbeiten ist eine sehr alte und bewährte Methode, die beinahe in Vergessenheit geraten ist. Umso mehr freue ich mich, sie nun mit Ihnen zu teilen.

Zum Kolorieren der Schilde habe ich bewusst Aquarellfarben verwendet. Es sind unter allen Farben diejenigen, die das meiste Licht enthalten. Selbst die dunklen Töne haben noch etwas Durchscheinendes. Alle Schilde, ob Schutzschilde oder Energieschilde, enthalten, wie Sie sehen werden, nicht nur eine Farbe, sondern immer mehrere Farben. Der Kontrast lässt die Hauptfarbe noch leuchtender strahlen. Auch bedarf es oftmals weiterer Schwingungen, um ein Chakra in Harmonie zu bringen. Diese zusätzlichen Schwingungen sind in den begleitenden Farben enthalten.

Eine schöne Wirkung haben die Schilde übrigens auch auf Kinder. Sie erfassen unmittelbar die Botschaften der Formen und Farben. Mein Großneffe war acht Jahre alt, als er die Energieschilde gesehen hat – und hat sofort angefangen, selbst welche zu malen.

Unser kritischer Verstand hat mit dem Erwachsenwerden gelernt, den freien Ausdruck der Kreativität zu hemmen. Wenn Sie durch diese Schilde aber Lust bekommen, Stifte und Farben in die Hand zu nehmen, um Ihre inneren Bilder auszudrücken, dann lassen Sie sich nicht aufhalten. Denn wenn Sie einfach malen, ohne danach zu fragen, wem es gefällt und ob es irgendwelchen Ansprüchen genügt, dann zeigt dies doch, dass diese innere Mauer aus Kritik und Bewertungen durchdrungen ist. Auf die Chakren bezogen heißt dies: Ihr fünftes Chakra ist wieder frei, Ihr kreativer Ausdruck kann fließen. Mir ist es eine Freude, wenn die Schilde Sie zum Malen und Gestalten inspirieren.

Lassen Sie nun die Farben und Formen auf sich wirken, genießen Sie die Bilder und die Texte. Mögen die Energie- und die Schutzschilde Ihr Wohlbefinden auf allen Ebenen fördern.

Barbara Arzmüller
Siebengadern, Juli 2017

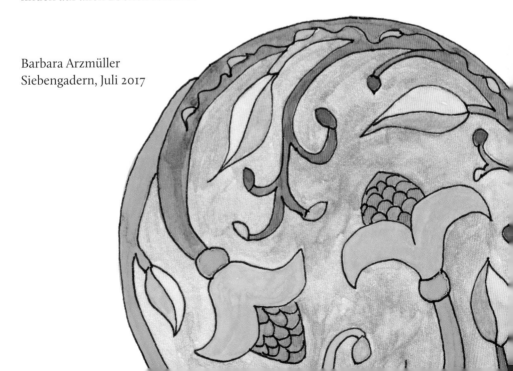

Einleitung

Sich schützen. Sich stärken. Und sich auch
einmal Unterstützung holen. Das ist so un-
endlich wichtig, um gesund zu bleiben, um das
Leben zu genießen und um Freude an seinen
Aufgaben zu haben.

Viele Menschen neigen dazu, sich bis auf
den Grund zu erschöpfen. Sie haben hohe
Ansprüche an sich selbst. Sie fühlen sich verantwortlich und leisten viel. Zunächst geben sie ihre
Kraft sehr gern, doch dann wird ihnen immer mehr
abgefordert, und es bleibt immer weniger Freiraum, um
die Ressourcen aufzufüllen. Schließlich vernachlässigen sie
ihr Ruhebedürfnis ganz.

Andere schaffen es nicht, aus der Lethargie herauszukommen. Irgendwann
haben sie aufgegeben und sind in einen Zustand versunken, wo sie zwar
funktionieren, wo ihr Leben aber nicht atmet und schillert und sich keinen
Deut entwickelt. Ihr Bedürfnis nach Aktivitäten haben sie weggedrückt.

Beides aber heißt, die Augen zu verschließen vor unserer Natur. Wer
glaubt, er könne ständig Höchstleistungen bringen, irrt sich genauso wie
der, der glaubt, in der Erstarrung ließe sich das Glück finden. Unser System
braucht Zeiten der Tatkraft und Zeiten der Erholung. Es muss eine Balance
zwischen Spannung und Entspannung geben.

Der Blick auf die Natur und das Leben mit den Jahreszeiten lehren uns die
immer wiederkehrenden Schwankungen. Im Sommer verströmt sich die
Natur, sie wächst und blüht und trägt Früchte. Im Winter reduziert sich die
Natur auf das Wesentliche, sie zieht sich zurück und ruht in sich.

Wir können die unterschiedlichen Zustände genießen, wenn wir uns auf sie
einlassen. Als »Sommer« gelten die Phasen des Lebens, in denen wir aktiv sind.
Hier können wir lernen und etwas schaffen. Wir können uns ausbreiten und
ausprobieren. Die »Winter« sind unsere persönlichen Phasen der Verinnerli-
chung, der Sammlung, des Sortierens, der Klärung. Wir kommen zur Ruhe. So
können wir uns auf das neue Tun vorbereiten, auf den nächsten Sommer. Beides ist wichtig, und beides hat seine Berechtigung. Im Kleinen erleben wir die

beiden Phasen jeden Tag und jede Nacht. Wir sind aktiv und wir sind passiv, wir wachen und wir schlafen, wir geben und wir nehmen.

Doch dieses Geben und Nehmen muss ausgewogen sein, sonst gerät das System in Schieflage, und wir werden anfällig für körperliche Krankheiten und psychische Leiden.

Ist das Leben erst einmal aus der Balance geraten, reicht ein kleiner Auslöser, der eine Lawine ins Rollen bringt. Irgendwann scheint dann gar nichts mehr zu funktionieren. Die Arbeit stresst, in der Beziehung kriselt es, die Freunde wenden sich ab. Schon sitzt man mittendrin in der Abwärtsspirale. Man wird müder und kraftloser. Das Vertrauen in sich, in die anderen, vielleicht auch in Gott, schwindet. Spätestens jetzt gilt es, gegenzusteuern und einen Weg aus dieser unguten Entwicklung zu finden. Hilfreich sind hier zunächst wieder die kleinen Dinge. Für große und grundlegende Wendungen fehlt sowieso meist die Kraft. Aber eine Kleinigkeit anders zu machen, das geht auch noch in einem Schwächezustand – zumal, wenn man spürt, wie gut diese Kleinigkeit tut. In die Natur zu gehen, mit Symbolen zu arbeiten oder einen kraftvollen Gedanken zu programmieren, sind gute Möglichkeiten.

Eine Methode jedoch ist nahezu unschlagbar: Das ist der Aufbau der Aura über die Chakren. Wer sich einmal damit beschäftigt hat, wird nicht mehr darauf verzichten wollen. Mit der Chakraarbeit bringen Sie Ihren inneren Garten zum Blühen. Die Aktivierung der Chakren ist wie eine Wellnessanwendung für Körper, Geist und Seele. Blockaden lassen sich lösen, Defizite auffüllen und Talente besser nutzen. Gesunde Chakren lassen träumen und machen unternehmungslustig, sie öffnen für die Liebe und ziehen den Erfolg an, sie machen glücklich, gelassen und mutig.

Sie können sich die Chakren vorstellen wie Wirbel oder sich drehende Öffnungen, mit denen unser inneres Wesen mit der Außenwelt in Kontakt tritt. Ein besonders schönes Bild ist es, sich die Chakren wie Blütenkelche auszumalen. Sie drehen sich, sie schließen und sie öffnen sich, wie es unser System gerade benötigt. Das funktioniert von selbst, solange wir gesund und kraftvoll sind. Wenn jedoch, etwa aus einer Situation der Überlastung heraus, eine Störung eintritt, ist vom natürlichen Selbstschutz schnell nichts mehr übrig. Dann nehmen wir über die Chakren auch negative, schädliche Energien in uns auf. Und das Ungleichgewicht nimmt seinen Lauf. Lassen Sie das nicht länger zu!

Die sieben Chakren – Informative Texte

Was bisher an Zusammenhängen zwischen Chakren, den Hormonen und der körperlichen Wirkung wie auch dem seelisch-geistigen Zustand bekannt ist, ist beeindruckend. Zu Recht ist dieses Wissen für viele Menschen Grund genug, um mit dem Schutz und Aufbau der Chakren zu beginnen. Hintergründe und Informationen zu den Chakren wird Ihr Verstand daher gerne verarbeiten. Die Seele braucht Bilder, das ist richtig. Doch auch das reine Wissen ist nicht zu unterschätzen, denn allein eine Erkenntnis kann der erste Schritt zur Heilung sein.

Die Chakren, das Wohlbefinden und die Hormone

Die Arbeit mit den Chakren ist etwas sehr Feines. Chakren sind wichtige Energiezentren, über die unser gesamtes System mit der Außenwelt in Kontakt treten kann. Vielleicht hört sich für manche der Begriff »Chakra« etwas sperrig an, davon sollte sich aber keiner abhalten lassen. Es ist ein Wort aus dem Sanskrit und bedeutet »Kreis« oder »Rad«. Man könnte es auch als Energiewirbel übersetzen. Am prachtvollsten bleibt aber die Vorstellung der Chakren als Blütenkelche. Malen Sie sich dazu aus, dass sie in prächtigen Farben leuchten können. Ist es nicht herrlich, bei jedem Menschen eine Reihe von bunten Blumen in der Aura zu wissen?

Die sieben Hauptchakren liegen aneinandergereiht wie auf einer Schnur, jeweils eine Handspanne voneinander entfernt am Körper zwischen Beckenboden und Scheitelpunkt. Weitere Chakren befinden sich an den Händen, den Füßen sowie an diversen anderen Körperstellen, auch gibt es Chakren über dem Kopf und unter den Füßen. Die Aktivierung der sieben Hauptchakren ist die Grundlage für das Wohlergehen.

Je nachdem, wie kraftvoll die einzelnen Chakren leuchten, beeinflussen sie unser Wohlbefinden, unseren Erfolg und unsere Beziehungen. Wenn wir die Chakren regelmäßig reinigen und stärken, stabilisieren wir damit unsere körperliche Gesundheit und harmonisieren unser seelisches Befinden. Wir haben stabile Wurzeln, stimmige Kontakte mit anderen Menschen und einen guten Zugang zur geistigen Welt.

Aufgrund unserer persönlichen Verhältnisse lässt sich gut erkennen, bei welchen Chakren wir einen Mangel haben und wo Handlungsbedarf besteht. Das ist schon deshalb wichtig, weil die Wirkung auf das tägliche Leben nur eine der möglichen Baustellen ist. Ein langfristiges Energiedefizit eines Chakras kann sich nicht nur als hartnäckiges Lebensproblem, sondern auch als körperliche Erkrankung manifestieren.

Nun ist es kein Zufall, dass die sieben Hauptchakren genau dort sitzen, wo die wichtigsten Körperdrüsen zu finden sind. Das sind zentrale Stellen in unserem persönlichen Gesundheitssystem, denn hier werden Hormone produziert

Wie herrliche
Blüten strahlen die
Chakren in unserer Aura.

und verteilt. Und es ist kein Geheimnis, dass Gesundheit und Wohlbefinden mit einem ausgeglichenen Hormonhaushalt zusammenhängen.

Nahezu alle wesentlichen Funktionen in unserem Leben sind hormonell gesteuert. Dieser Zusammenhang ist bekannt, und daher setzen sich auch Hormonbehandlungen immer mehr durch, wenn es um die Heilung von körperlichen Erkrankungen und seelischen Beschwerden geht. Die Nebenwirkungen einer klassischen Hormonbehandlung werden derzeit jedoch als so kritisch eingestuft, dass diese Behandlung von Ärzten nur dann empfohlen wird, wenn die verträglicheren Alternativen ausgeschöpft sind.

Da ist es gut, sich zu erinnern, dass alles über den Geist läuft. Wir sind eben nicht hilflos ausgeliefert, weder den psychischen Schwankungen noch den Alterungsprozessen noch den Krankheiten. Wir sind Schöpfer unseres Seins und unseres Zustandes. Wir tragen die göttliche Schöpferkraft in uns und können, wenn wir uns dessen gewahr werden, so vieles erreichen.

Über unsere Vorstellungskraft, also über den Geist, können wir die Chakren aufbauen und die Hormonproduktion regenerieren. Damit können zahlreiche Störungen behoben werden. Denn die Wirkung von Drüsen und Chakren auf die Hormone und damit auf die physische und psychische Gesundheit ist beinahe gleichzusetzen. Dieses Wissen ist wesentlich für die Arbeit mit den Chakren.

1. Chakra – Wurzelchakra

Das Wurzelchakra hat seinen Sitz am Beckenboden. Seine Farbe ist **Rot.** Es hat mit den Grundlagen unseres Seins zu tun, mit Willenskraft, mit Aktivität und Passivität. Das Wurzelchakra strahlt nach unten ab und erdet uns. Es stärkt den Lebenswillen und gibt uns Halt.

Auf der Ebene der Körperdrüsen ist dieses erste Chakra mit den **Nebennieren,** den Glandulae, verbunden. Hier werden die Hormone Kortisol und Adrenalin produziert. Kortisol entspannt und verlangsamt den Stoffwechsel. Auch hemmt es das Schmerzempfinden und hilft in Erschöpfungszuständen, sich zu erholen. Adrenalin ist das Stresshormon. Es aktiviert den Stoffwechsel, erhöht den Blutdruck und lässt in Stresssituationen rasch reagieren. Zudem werden der Wasser-, Mineralstoff- und Zuckerhaushalt von den Nebennieren gesteuert.

Blockiertes Wurzelchakra

◈ *Körperlich:* Knochen- und Muskelabbau, Stress und Bluthochdruck, Ermüdung und Erschöpfung, ständiges Kränkeln, Abwehrschwäche, Zappeligkeit, schlechte Verdauung, Verstopfung oder Durchfall, Ischias, Rückenschmerzen, Zahnprobleme

◈ *Seelisch-geistig:* Depressionen, Ängste, Misstrauen, psychische Anfälligkeit, Stressempfindlichkeit, Wutanfälle, gehemmter Lebenswille, Ärger, Aggressivität, Zögerlichkeit, Müdigkeit, Trägheit, Lustlosigkeit, Antriebslosigkeit

Befreites Wurzelchakra

◈ *Körperlich:* Vitalität, gesunde Zähne, stabile Knochen, gute Muskulatur, kraftvoller Rücken, stabiles Immunsystem, gute Verdauung, gesunde Darmfunktion

◈ *Seelisch-geistig:* Energie, Mut, Kraft, Lebensfreude, Urvertrauen, psychische Stabilität, gutes Lebensgefühl, Selbstsicherheit, Gelassenheit, Durchhaltevermögen, Zielstrebigkeit, Begeisterungsvermögen, Tatkraft, Antriebskraft, gute Instinkte, Leidenschaft, Durchsetzungskraft, Willenskraft, Umsetzung, Erdung, Verwurzelung, Rhythmusgefühl, Naturverbundenheit, Geborgenheit

2. Chakra – Sakralchakra

Das Sakralchakra sitzt unterhalb des Bauchnabels. Seine Farbe ist **Orange.** Es ermöglicht den Kontakt zu anderen Menschen und ist für die schöpferischen Kräfte verantwortlich. Ferner ist dieses zweite Chakra für die sinnlichen Erfahrungen zuständig, für die Lebensfreude, die Fortpflanzungsfähigkeit und die Kreativität.

Zum Sakralchakra gehören die **Keimdrüsen,** die Gonaden. Sie produzieren die Sexualhormone – Östrogene, Gestagene und Testosteron. Östrogene und Gestagene haben bei Frauen Auswirkungen auf die Fruchtbarkeit und das sexuelle Erleben. Testosteron fördert bei Männern die Spermienproduktion und hat Einfluss auf den Aufbau von Muskelmasse. Es fördert zudem die Körperbehaarung und steigert das Lustverlangen und Lustempfinden.

Blockiertes Sakralchakra

- *Körperlich:* Probleme im unteren Rücken, besonders im Bereich der Lendenwirbel; Hüftschmerzen, Erkrankungen an Nieren und Blase sowie an den Sexualorganen, ständiges Frieren oder dauernde Überhitzung
- *Seelisch-geistig:* Einfallslosigkeit, Ideenlosigkeit, Armut, Ablehnung von Materie, Mangel an Erotik, negative Einstellung zu Sexualität, Gier nach Sex und Geld, Schuldgefühle, ablehnende Haltung zum Leben und zu Genüssen, fehlender Teamgeist, Kaufrausch, Aufgeblasenheit, Prahlerei, Ausnutzen von Beziehungen, geringe Selbstachtung, Partnerschaftsprobleme

Befreites Sakralchakra

- *Körperlich:* bewegliche und stabile Lendenwirbelsäule und Hüften; reibungsloses Funktionieren von Nieren, Blase und Sexualorganen; gute Zeugungskraft bzw. Fruchtbarkeit, Gefühl von Wärme
- *Seelisch-geistig:* Schöpferkraft, Kreativität, Freude am Tanzen und Lachen, materieller Reichtum, Fülle, Fröhlichkeit, Lebensfreude, Begeisterung, Sinnlichkeit, Erotik, Schaffenskraft, Teamgeist, Gemeinschaftssinn, Genussfähigkeit, Lust am Leben, künstlerische Talente, Freude an Zweisamkeit, Beziehungsfähigkeit

3. Chakra – Nabelchakra

Das Nabelchakra liegt oberhalb des Bauchnabels. Seine Farbe ist **Gelb.** Es hilft uns, Einflüsse aller Art zu verdauen. Das Nabelchakra regiert außerdem unsere Gefühle und den Selbstwert. Außerdem hat es mit der Selbstermächtigung zu tun. Im Kontakt mit den Mitmenschen ist es von großer Bedeutung, da über das Nabelchakra Einfluss auf das Unterbewusstsein genommen werden kann.

Auf der Körperebene ist es mit der **Bauchspeicheldrüse,** dem Pankreas, verbunden. Hier werden Insulin und Glucagon produziert. Wir brauchen diese Hormone, um die aufgenommene Nahrung aufzuspalten und zu verdauen. Insulin senkt den Blutzuckerspiegel, Glucagon erhöht den Blutzuckerspiegel.

Blockiertes Nabelchakra

- *Körperlich:* Magenprobleme, gestörte Leberfunktion, Darmprobleme, Erkrankungen von Milz und Galle, Verdauungsschwierigkeiten, Verstopfung, Durchfall, Sodbrennen, Übelkeit, Übergewicht, Zuckerkrankheit, schwankender Blutzuckerspiegel, Essstörungen, Schlafstörungen
- *Seelisch-geistig:* verworrene Gefühle, Beeinflussbarkeit, Abgrenzungsprobleme, Kontrollzwang, schwache Durchsetzung, innere Unruhe, Unbeweglichkeit, Gefühl der Ohnmacht, Rücksichtslosigkeit, Neid, Eifersucht, anfällig für Machtspiele und Manipulationen, Täter- oder Opferverhalten, brüchiger Selbstwert, Kritiksucht, Angst vor Kritik und vor Fehlern, übertriebenes Leistungsdenken, Abhängigkeiten

Befreites Nabelchakra

- *Körperlich:* gute Funktionen von Magen, Darm, Leber, Milz und Galle; regelmäßige Verdauung, tiefer Schlaf, gute Nerven, gesunder Stoffwechsel
- *Seelisch-geistig:* gutes Bauchgefühl, klare Entscheidungen, Hilfsbereitschaft, gutes Auskommen mit anderen, stabiler Selbstwert, in seiner Mitte ruhen, Optimismus, Selbstbestimmung, klarer Ausdruck von Gefühlen, ausgeglichene Emotionen, innerer Frieden, psychische Stabilität, Unabhängigkeit, Willenskraft, Freiheit, Selbstermächtigung, sonniges Gemüt

4. Chakra – Herzchakra

Das Herzchakra ist in der Brustmitte auf der Höhe des Herzens zu finden. Seine Hauptfarbe ist **Grün,** aber auch **Rosa** gehört als wichtige Farbe zu diesem Chakra. Es wirkt auf die Gesundheit, auf das Immunsystem und die Lebenskraft. Das Herzchakra schenkt Frieden, Harmonie und Heilung. Außerdem lässt es Mitgefühl und Zuneigung fließen. Über das Herzchakra lässt sich wahre Liebe empfinden und geben.

Die Drüse, die zum Herzchakra gehört, ist die **Thymusdrüse.** Hier werden die Lymphozyten und die T-Zellen produziert. Diese Hormone sorgen für unsere Gesunderhaltung. Sie bauen das Immunsystem auf und sind für die Abwehrkräfte verantwortlich.

Blockiertes Herzchakra

* *Körperlich:* Herzprobleme, Lungenkrankheiten, Probleme mit Armen und Händen sowie Schmerzen im Bereich von Schultern und Brustwirbelsäule, häufige Erkrankungen, Erkältungen, Anfälligkeit für Infekte, allergische Reaktionen
* *Seelisch-geistig:* Lieblosigkeit, Frust, Traurigkeit, Enttäuschung, Beziehungsunfähigkeit, Kontaktarmut, Kälte, Verbitterung, Einsamkeit, Verhärtung, Geiz, Gier, Misstrauen, Missgunst, Egoismus, Urteile, Vorurteile, Angst vor Krankheiten, Ängste, Verletzlichkeit, Vorwürfe, Groll, mangelnde Eigenliebe, Kummer, Ablehnung von Berührungen, Ausgelaugtsein

Befreites Herzchakra

* *Körperlich:* gute Funktionen von Herz, Blutkreislauf und Lungen; gesunde Arme, Hände, Brustwirbel und Schultern; starkes Immunsystem, stabile Gesundheit
* *Seelisch-geistig:* Freundlichkeit, Liebesfähigkeit, Großzügigkeit, Herzlichkeit, Hilfsbereitschaft, Zärtlichkeit, Freude, Frohsinn, Ausgleich von Geben und Nehmen, Achtsamkeit, Verständnis, Wachstum, Fürsorglichkeit, Güte, Nächstenliebe, Mitgefühl, Menschlichkeit, Geborgenheit, Harmonie, Heilung, Heilkraft, Frieden, Gesundheit, Widerstandskraft, Herzenswärme, Ausgeglichenheit, Liebe zur Natur, Hoffnung, Lebendigkeit, Frische

5. Chakra – Halschakra

Das Halschakra hat seinen Sitz am Kehlkopf. Seine Farben sind **Türkis und Hellblau.** Es ist für die Kommunikation zuständig, stärkt die Ausdrucksfähigkeit und den Verstand.

Das Halschakra ist mit der **Schilddrüse** verknüpft. Diese übermittelt Botschaften aus dem Gehirn an den Körper. Die Schilddrüsenhormone Trijodthyronin (T3) und Thyroxin (T4) sind für den Energiestoffwechsel von Eiweiß, Fett und Kohlenhydraten sowie für das Wachstum von Zellen verantwortlich. Somit wirken sie auf den gesamten Organismus.

Blockiertes Halschakra

- *Körperlich:* Probleme mit Kiefer, Zahnfleisch und Zähnen; Heiserkeit, Mandelentzündung, Schmerzen in Hals und Nacken, Ohrenschmerzen, Entzündung der Nebenhöhlen, Asthma, Verkrampfung in den Schultern, Fehlfunktion der Schilddrüse, Antriebsschwäche, Dauermüdigkeit, Nervosität, Schlaflosigkeit, schwankender Kreislauf, Allergien
- *Seelisch-geistig:* Kommunikationsprobleme, Missverständnisse, chaotischer Alltag, Lernblockaden, Geschwätzigkeit, Schüchternheit, Schuldgefühle, schwankender Selbstwert, Ablehnung, abhängig von Urteilen anderer, zu vieles Urteilen, Kloß im Hals, Schwierigkeiten im Ausdruck, erdrückende Pflichten, freudloser Alltag, Ablehnung von Kunst und Schönheit

Befreites Halschakra

- *Körperlich:* Gesundheit von Hals, Kehle, Nacken, Schultern, Bronchien, Luft- und Speiseröhre sowie im Kiefer- und Zahnbereich; gutes Funktionieren der Stimmbänder, der Ohren und der Schilddrüse; Ausgeglichenheit bei Stoffwechsel, Kreislauf, Nerven, Blutdruck und Körpertemperatur
- *Seelisch-geistig:* Gute Kontaktfähigkeit, freie Meinungsäußerung, leichtes Lernen, gutes Gedächtnis, Sprachgewandtheit, angenehme Stimme, schöne Singstimme, gute Alltagsbewältigung, Gelassenheit, gute Verstandeskräfte, offen für Ideen, Gefühl für Schönheit und Werte, kreative Ausdruckskraft, Freude am Umsetzen, Klarheit, gutes Urteilsvermögen, Freundlichkeit, Unabhängigkeit, klare Kommunikation

6. Chakra – Stirnchakra

Das Stirnchakra liegt als »Drittes Auge« auf der Stirnmitte. Seine Farbe ist ein **klares, intensives Blau.** Das Stirnchakra verbindet uns mit der Intuition, es schenkt geistige Klarheit und fördert die Erkenntnis.

Dieses sechste Chakra ist mit der Hypophyse, der **Hirnanhangsdrüse,** verbunden. Sie steuert übergeordnet die Produktion und Ausschüttung von Hormonen anderer Drüsen und produziert selbst acht verschiedene Hormone, die das Wachstum, den Stoffwechsel und die Fortpflanzung regulieren. Zu ihnen zählen das Oxytocin und das Somatropin. Oxytocin hat mit der Geburt, der Bindungsfähigkeit und dem sozialen Verhalten zu tun. Das Somatropin ist in der Kindheit für das Wachstum zuständig, bei Erwachsenen regelt es das Verhältnis von Fett und Muskeln.

Blockiertes Stirnchakra

- *Körperlich:* Kopfschmerzen, Migräne, Sehstörungen, Augenleiden, Ohrenschmerzen, Probleme mit Nase und Nebenhöhlen, Störungen im Nervensystem, Krämpfe, Lähmungen, Unkonzentriertheit, Vergesslichkeit
- *Seelisch-geistig:* Zerstreutheit, Melancholie, Überbewertung des Verstandes, Schuldgefühle, Fantasielosigkeit, Ausgeliefertsein an (Vor-)Urteile, Wissenschaftsgläubigkeit, lebt nach vorgefertigten Mustern, Kopflastigkeit, Passivität, Verzetteln in Bezug auf die Ziele, Überlastung aufgrund von übergroßer Eigenverantwortung, Ablehnung von Übersinnlichem, Depressionen

Befreites Stirnchakra

- *Körperlich:* Gute Funktion von Augen, Nase und Ohren; stabile Nerven, gutes Gedächtnis, klarer Kopf, gute Konzentrationsfähigkeit
- *Seelisch-geistig:* Klare Wahrnehmung eigener Ziele, Fantasie, Fähigkeit zu staunen, Wunscherfüllung, geistiges Schauen, inneres Wissen, Glauben an göttliche Führung, Erkennen der eigenen Göttlichkeit und Schöpferkraft, künstlerische und heilerische Fähigkeiten, Intuition, Inspiration, innerer Frieden, Geborgenheit, inneres und äußeres Gleichgewicht, Erfolg, Glück, Weite, Größe, Ruhe, Konzentrationsfähigkeit, Gedankentiefe, geistige Klarheit, Vertrauen, Spiritualität, Licht, Erkenntnis, Bewusstsein, Weisheit

7. Chakra – Kronenchakra

Das Kronenchakra findet sich am Scheitelpunkt oben auf dem Kopf. Seine Hauptfarbe ist **Violett,** vermischt mit Gold und Weiß. Das Kronenchakra beeinflusst den gesamten Organismus und das gesamte Sein. Es öffnet den Zugang zum Himmel, macht glückselig und kann zur Erleuchtung führen.

Dieses Chakra und die Epiphyse, die **Zirbeldrüse,** gehören zusammen. Hier werden die Hormone Serotonin und Melatonin ausgeschüttet. Serotonin ist für die Übertragung von Signalen im zentralen Nervensystem verantwortlich. Außerdem beeinflusst es diverse Körperfunktionen sowie die Stimmungslage. Serotonin wird auch das Glückshormon genannt, da es gelassen, zufrieden und tatsächlich glücklich macht. Melatonin wird aus Serotonin gebildet. Es wirkt auf das Gehirn und ist für das Lernen und Erinnern zuständig. Ferner steuert es den Wach- und Schlafrhythmus sowie zahlreiche andere Rhythmen, denen der Körper unterworfen ist.

Blockiertes Kronenchakra

- *Körperlich:* Schwere Krankheiten, Lähmungen, Multiple Sklerose, Krebs, Immunschwächekrankheiten
- *Seelisch-geistig:* Ziellosigkeit, Unsicherheit, Verlassenheitsgefühl, Ängste, Angst vor Krankheit und Tod, mangelndes Vertrauen, auf Materielles fixiert, wenig Freude, düstere Gefühle und Gedanken, zu viele Sorgen, Überbetonung des Verstandes, fehlender Lebenssinn, innere Leere, Unzufriedenheit, Abgehobensein, Entfremdung, Weltflucht, Flucht in Aktivitäten, Traurigkeit, Erschöpfung, Weltschmerz, Müdigkeit; Gefühl, alles selbst machen zu müssen; Verzweiflung

Befreites Kronenchakra

- *Körperlich:* Gesundheit auf allen Ebenen
- *Seelisch-geistig:* Energie, Frieden, Glückseligkeit, Wunder, Spiritualität, Glauben, Göttlichkeit, Gottesliebe, Einssein, spirituelle Anbindung, kosmisches Bewusstsein, Transzendenz, Ja zum Schicksal, Sinn des Lebens, Schönheit, Größe, Reinheit, Licht, Wärme, Gelassenheit, Stille, Ahnung von Unendlichkeit, Dankbarkeit, Freude, Gottvertrauen, Segen, Gnade

Die sieben Chakren – Meditative Texte

Den Verstand mit Informationen zu füttern, ist eine gute Grundlage, um den Sinn einer Chakraübung zu verstehen. Auf einer ganz anderen Ebene wirken Meditationen. Sie erreichen das Unterbewusstsein. Sie dringen in Schichten vor, an die der Verstand allein nicht herankommt.

Um sich auf dieser Ebene mit Ihren Chakren zu verbinden, lassen Sie die zugehörige Farbe und die damit verbundene Energie intensiv auf sich wirken. Nehmen Sie sie mit allen Ihren Sinnen auf, und lassen Sie sie in Ihre tiefsten Schichten sacken. Benutzen Sie die Farbe auch in Ihrem Alltag.

Beim Lesen der meditativen Texte nehmen Sie die Qualität einer Farbe mit allen Sinnen in Ihr Chakra auf. Führen Sie die Anregungen ganz direkt aus, oder stellen Sie sich das Ganze einfach vor. Stellen Sie sich vor, wie Sie zum Beispiel Kirschen essen, wie Sie tanzen, wie Sie Feuer machen usw. Ihr Gehirn weiß, was Sie meinen, und wird auch so die Signale kraftvoll in Ihr Unterbewusstsein umsetzen.

Wurzelchakra – Lebenskraft und Mut

Die Farbe Rot ...

... gibt Mut und Kraft.

... stärkt das Zielbewusstsein und die Durchsetzungsfähigkeit.

... verleiht starke Wurzeln und gibt einen festen Stand.

... fördert die Lebenskraft und den Lebenswillen.

... stärkt die Verbindung zur Natur und ihren Rhythmen.

... ist Energie.

Sie brauchen Rot ...

... wenn Sie vieles wollen, es aber nicht auf die Reihe kriegen.

... wenn Sie Ideen haben, sich aber nicht zutrauen, dazu zu stehen und sie auch gegen Widerstände durchzusetzen.

... wenn Sie es nicht schaffen, Ihren Willen klar und bestimmt zu äußern.

... wenn Sie Angst vor Verwurzelung haben, vor Schmerzen, vor Bindungen, vor Trennungen, ja überhaupt oftmals von Ängsten geplagt werden.

... wenn Ihnen die Erdung fehlt.

Mit Rot aktivieren Sie Ihr Wurzelchakra. Um sich noch mehr damit zu verbinden, lassen Sie Rot intensiv auf sich wirken. Erfahren Sie diese Farbe mit allen Sinnen.

Ich sehe die Farbe Rot. Ich sehe sie in einem Sonnenuntergang, ich sehe sie als Feuer, als Kerze, als Kaminfeuer, als Lagerfeuer. Ich sehe eine rote Mohnblume und einen roten Schal. Ich sehe die Urkraft, die in Rot liegt.

Heute sehe ich Rot.

Ich höre die Kraft von Rot. Ich höre sie im Klang von Trompeten, von rhythmischer Musik und von stampfenden Tänzern. Ich höre die Trommeln, und ich stelle mir vor, wie Elefanten trompeten. Ich lasse mich anstecken von dem Dröhnen von Rot.

Heute höre ich Rot.

Ich rieche die Kraft, die in der Farbe Rot liegt. Ich rieche überreife Beeren. Ich denke an den Geruch von Erde und an den würzigen Duft von Rosmarin und Zedernholz. Ich rieche den beißenden Rauch eines Lagerfeuers.

Heute rieche ich Rot.

Ich schmecke die Energie der Farbe Rot. Ich koste rote Beeren und Früchte – Erdbeeren, Himbeeren, Kirschen, rote Äpfel, rote Trauben. Dazu probiere ich Pfeffer. Rot schmeckt scharf und heiß.

Heute schmecke ich Rot.

Ich fühle Rot. Ich fühle seine heiße Kraft und sein Brennen. Ich weiß, wie es ist, dem Feuer zu nahe zu kommen. Ich weiß, wie eine Brennnessel brennt und wie ein Kaktus sticht. Ich berühre die Erde, ich grabe in der Erde. Ich knete Tonfiguren.

Heute fühle ich Rot.

Ich trage Rot. Ich bewege mich. Ich tanze wild und ausgelassen. Ich laufe mit dem Wind um die Wette. Ich lache. Ich bin laut. Ich fühle den intensiven Lebenswillen.

Ich bin Rot.

Ganz bewusst achte ich auf alles Rote, das mir begegnet. Ich segne Rot. Ich danke für Rot.

Ich liebe Rot.

Sakralchakra – Fülle und Sinnlichkeit

Die Farbe Orange ...

... macht sinnlich.
... macht fröhlich und lässt lachen.
... lässt genießen und begeistert.
... lässt schlummernde Talente entdecken und die Fülle des Lebens lieben.
... ist Reichtum.
... ist Freude.

Sie brauchen Orange ...

... wenn Pflichterfüllung und Leistungsbereitschaft Ihre Lebensfreude unterdrücken.
... wenn Ihre Kreativität untergegangen ist und Ihre Sinnlichkeit verschwunden scheint.
... wenn Existenzängste, Geldsorgen oder Schuldgefühle Sie bedrücken.
... wenn Ihnen die Poesie des Lebens fremd geworden ist und Sie sich zu oft matt und leblos fühlen.

Mit Orange aktivieren Sie Ihr Sakralchakra. Um sich noch mehr damit zu verbinden, lassen Sie Orange intensiv auf sich wirken. Erfahren Sie diese Farbe mit allen Sinnen.

Ich sehe die Farbe Orange. Ich sehe ihre Kraft.
Ich entdecke sie in leuchtenden Blütenkelchen,
in funkelnden Edelsteinen, in glitzernden Sternen.
Ich sehe Orange in Obstkörben,
gefüllt mit Orangen, Mandarinen und Pfirsichen.

Heute sehe ich Orange.

Ich höre, wie Orange klingt. Es ist, als würden Goldstücke klimpern.
Ich höre Orange als Lachen, als Tanzmusik, als vielstimmigen Gesang,
als Zwitschern der Vögel im Frühling. Orange jubelt.

Heute höre ich Orange.

Ich rieche die Kraft von Orange. Ich rieche Sandelholz. Ich rieche den
schweren Duft von tropischen Blumen und exotischen Gewürzen.
Ich rieche den frischen Duft von Mandarinen und Mangos.

Heute rieche ich Orange.

Ich schmecke die Energie der Farbe Orange. Ich esse von Pfirsichen,
Mandarinen und Orangen, ich probiere von Karotten und Kürbissen.
Ich trinke orangefarbenen Saft. Ich nehme die Süße und die Säure
von Orange wahr.

Heute schmecke ich Orange.

Ich fühle die Kraft von Orange. Ich spiele mit Edelsteinen. Ich tauche
ins Sonnenlicht und ins Mondlicht ein. Ich fühle die Wärme auf meiner Haut.
Ich bewege mich sinnlich und anmutig.

Heute fühle ich Orange.

Ich trage Orange. Ich tanze und singe. Ich liebe, ich lache, und ich freue mich.
Ich fühle mich reich. Ich genieße.

Ich bin Orange.

Ganz bewusst achte ich auf alles Orange, das mir begegnet.
Ich segne Orange. Ich danke für Orange.

Ich liebe Orange.

Nabelchakra – Klarheit und Freiheit

Die Farbe Gelb ...

... schenkt ein gutes Bauchgefühl.

... lässt die Persönlichkeit strahlen und öffnet den Zugang zur eigenen Macht.

... lässt die Gefühle verständlich und selbstbewusst ausdrücken.

... bringt Klarheit in die Verbindungen zu anderen Menschen. Sie können deutlich unterscheiden. Sie entscheiden, wie Sie es wollen.

... lässt die Sonne in sich entdecken und lässt sie leuchten.

... ist Freiheit.

Sie brauchen Gelb ...

... wenn Sie leicht aus Ihrer Mitte geraten und keine Balance in sich finden.

... wenn Sie sich wenig zutrauen und Kritik Sie belastet.

... wenn Sie mit Macht und Ohnmacht kämpfen.

... wenn Sie mit Manipulation, Neid und Eifersucht zu tun haben.

... wenn es Ihnen schwerfällt, frei und selbstbestimmt Entscheidungen zu treffen.

Mit Gelb aktivieren Sie Ihr Nabelchakra. Um sich noch mehr damit zu verbinden, lassen Sie Gelb intensiv auf sich wirken. Erfahren Sie diese Farbe mit allen Sinnen.

Ich sehe die Kraft von Gelb.
Ich sehe ihr Leuchten, ihr Licht.
Ich sehe die Sonne. Ich lasse meine Augen über Dotterblumen wandern,
über eine Löwenzahnwiese,
über Sonnenblumenfelder, über ein Weizenfeld.

Heute sehe ich Gelb.

Ich höre Gelb. Ich höre ein Orchester spielen.
Ich höre das Brausen einer Sinfonie und den sehnsüchtigen Klang der Geigen.
Ich höre eine Glocke. Ich höre Klarheit.

Heute höre ich Gelb.

Ich rieche Gelb. Ich rieche frische Luft. Ich rieche die Frische von Zitronen.
Ich schnuppere an Kamille. Ich rieche Frische und Wohlbefinden.

Heute rieche ich Gelb.

Ich schmecke Gelb. Ich probiere gelbe Früchte – Bananen, Zitronen, Papaya.
Ich nehme ihre Weichheit wahr und auch ihre Zähigkeit.
Ich esse die Sonne.

Heute schmecke ich Gelb.

Ich fühle die Energie der Farbe Gelb. Ich fühle Gelb, indem ich
wahrnehme, wie Sonnenstrahlen meine Haut streicheln.
Ich fühle die Wärme des Lichtes.
Ich fühle, wie das Licht einen Schutzwall um mich bildet.
Ich fühle mich sicher.

Heute fühle ich Gelb.

Ich trage Gelb. Ich atme tief. Ich fühle tief. Ich bin voller Licht und umgeben
mit Licht.

Ich bin Gelb.

Ganz bewusst achte ich auf alles Gelbe, das mir begegnet.
Ich segne Gelb. Ich danke für Gelb.

Ich liebe Gelb.

Herzchakra – Liebe und Heilung

Die Farbe Grün ...

... lässt Erneuerung und Frische ins Leben.

... fördert Harmonie und Mitgefühl, im Umgang mit sich selbst, mit anderen Menschen wie mit allen anderen Wesen.

... macht das Herz leicht und froh.

... öffnet das Herz für die Liebe.

... bringt die eigenen Heilkräfte zum Vorschein.

... ist die Heilfarbe des Herzens.

Sie brauchen Grün ...

... wenn die Liebe in Ihrem Leben fehlt.

... wenn die Gefühle schwanken.

... wenn Sie innerlich leer und traurig sind.

... wenn Ärger und Groll Ihr Leben bestimmen.

... wenn zu viel geurteilt und verurteilt wird.

... wenn Sie sich nach Heilung und Liebe sehnen.

Mit Grün aktivieren Sie Ihr Herzchakra. Um sich noch mehr damit zu verbinden, lassen Sie Grün intensiv auf sich wirken. Erfahren Sie diese Farbe mit allen Sinnen.

Ich sehe die Kraft von Grün. Ich schaue die Natur an,
grüne Wiesen und Wälder, das helle Grün von Laubbäumen
und das dunkle Grün von Nadelbäumen.
Ich sehe Gesundheit, ich sehe Heilung, ich sehe Freude.

Heute sehe ich Grün.

Ich höre Grün. Ich höre Lieder, und ich singe Lieder – klangvolle,
schöne Melodien. Ich höre dem Wind zu, wie er säuselt, rauscht und singt.
Ich höre einem Bach zu. Ich höre den Pflanzen beim Wachsen zu.

Heute höre ich Grün.

Ich rieche Grün. Ich atme tief ein. Ich atme die feuchte Luft
bei Regen ein und die trockene Luft bei Sonnenschein.
Ich rieche, wie frisch gemähtes Gras riecht. Ich rieche den würzigen Duft
eines Waldes. Ich rieche Jugend und Frische.

Heute rieche ich Grün.

Ich schmecke Grün. Ich esse ein Stück Gurke oder grüne Kräuter.
Ich trinke Kräutertee, ich trinke grünen Tee.
Ich schmecke, wie die Lebenskraft der Speisen und Getränke
durch meinen Körper rieselt.

Heute schmecke ich Grün.

Ich fühle Grün. Ich fühle, wie sich die Natur anfühlt, das Moos, das Gras,
die Blätter, eine Baumrinde. Ich fühle, wie vollkommen die Erde ist.
Ich fühle eine tiefe Liebe zur Erde.

Heute fühle ich Grün.

Ich trage Grün. Ich verbinde mich mit der Natur und spüre Wachstum,
Heilung und Gesundheit.

Ich bin Grün.

Ganz bewusst achte ich auf alles Grüne, das mir begegnet.
Ich segne Grün. Ich danke für Grün.

Ich liebe Grün.

Halschakra – Schönheit und Inspiration

Die Farbe Türkis ...

... schenkt Frieden und Freundlichkeit.

... verleiht eine kreative Ausdruckskraft.

... lässt leicht und gern lernen.

... fördert die Kommunikation.

... stärkt das Gefühl für Schönheit und für Werte, auch für die eigene Schönheit und den eigenen Wert.

... ist Inspiration.

Sie brauchen Türkis ...

... wenn Sie unruhig und gestresst sind oder müde und schwermütig.

... wenn Sie sich nicht ausdrücken können.

... wenn Ihnen die Kraft fehlt, Ihre Einfälle umzusetzen.

... wenn Ihnen das Lernen schwerfällt.

... wenn Sie Blockaden im Umgang mit anderen Menschen haben.

... wenn Sie Angst haben vor Verpflichtungen.

Mit Türkis aktivieren Sie Ihr Halschakra. Um sich noch mehr damit zu verbinden, lassen Sie Türkis intensiv auf sich wirken. Erfahren Sie diese Farbe mit allen Sinnen.

Ich sehe die Kraft von Türkis. Ich schaue mir Kunstwerke an, Gemälde und
Bauwerke. Ich schaue in die Weite, über eine Ebene und auf ein Meer.
Ich tauche mit meinem Blick ein in das helle Türkisblau des Himmels.

Heute sehe ich Türkis.

Ich höre Türkis. Ich höre dem Singen des Windes zu
und dem Rauschen der Wellen. Ich höre melodische Gesänge. Ich singe.
Ich höre mich singen und sprechen. Ich höre Beifall.

Heute höre ich Türkis.

Ich rieche Türkis. Ich rieche würzige Meeresluft. Ich rieche den Geruch
von Salz und Frische. Ich rieche blühenden Salbei, ich rieche Eukalyptus,
ich rieche Freiheit. Ich atme mit der Nase, mit dem Mund
und mit allen Poren der Haut.

Heute rieche ich Türkis.

Ich schmecke Türkis. Ich koste kristallklares Eis, und ich trinke
frisches Wasser. Andächtig lasse ich das Wasser durch meinen Gaumen
rieseln. Ich nehme bei jedem Schluck die Frische in meinem Körper
und in meinem Geist wahr.

Heute schmecke ich Türkis.

Ich fühle Türkis. Ich fühle Meerwasser an meiner Haut. Ich fühle das Salz und
nehme seine belebende Wirkung wahr. Ich fasse hellblaue und türkisfarbene
Edelsteine an und fühle ihre besondere Kraft.

Heute fühle ich Türkis.

Ich trage Türkis. Ich fühle mich leicht und frei.
Ich fühle mich unbeschwert. Ich mag es, mich auszudrücken.
Ich stehe zu mir. Ich fühle mich licht und hell.

Ich bin Türkis.

Ganz bewusst achte ich auf alles Türkise, das mir begegnet.
Ich segne Türkis. Ich danke für Türkis.

Ich liebe Türkis.

Stirnchakra – Vertrauen und Schutz

Die Farbe Blau ...

... öffnet den Zugang zu Wissen und Weisheit.
... lässt die wirklich wichtigen Ziele erkennen und verwirklichen.
... öffnet die Tür zum Erfolg.
... schenkt tiefes Vertrauen.
... steht für Geborgenheit und Aufgehobensein in einem höheren Sinn.
... schenkt Schutz, Ausgeglichenheit und Frieden.
... ist Vertrauen.

Sie brauchen die Farbe Blau ...

... wenn Sie sich viele Sorgen machen.
... wenn Sie zu kopflastig sind.
... wenn das Vertrauen in die göttliche Führung fehlt.
... wenn Sie oftmals unruhig, zerstreut und unkonzentriert sind.
... wenn Sie Angst haben.
... wenn Sie meinen, Sie müssten alles allein schaffen.

Mit Blau aktivieren Sie Ihr Stirnchakra. Um sich noch mehr damit zu verbinden, lassen Sie Blau intensiv auf sich wirken. Erfahren Sie diese Farbe mit allen Sinnen.

Ich sehe die Kraft von Blau. Ich sehe den Nachthimmel und die Sterne.
Ich sehe, wie sich die Sterne in einem See spiegeln.
Ich sehe eine Wiese mit blauen Blumen,
mit Glockenblumen, Veilchen und Lavendel.
Ich sehe hohe Berge.
Ich sehe den Frieden.

Heute sehe ich Blau.

Ich höre Blau. Ich höre Vogelgezwitscher.
Ich höre den Ruf eines großen Vogels.
Ich höre das Rauschen eines Wasserfalls.
Ich höre einen Gong. Ich höre Stille.

Heute höre ich Blau.

Ich rieche Blau. Ich schnuppere an einer blauen Blume. Ich rieche ihren süßen
und zugleich frischen Duft. So riecht Entspannung.

Heute rieche ich Blau.

Ich schmecke Blau. Ich probiere reife, dunkle Beeren.
Sie schmecken nach Erde und Himmel. Ich trinke Wasser aus einer Quelle.
Ich schmecke die Heilkraft dieses Wassers.

Heute schmecke ich Blau.

Ich fühle Blau. Ich lasse Wasser über meine Hände rinnen.
Ich liege im Wasser. Ich fühle Wasser an meiner Haut.
Ich lasse mich von Heilwasser umspülen, innen und außen.

Heute fühle ich Blau.

Ich trage Blau. Ich fühle mich ruhig und friedlich. Ich fühle mich geschützt.
Ich bin im Einklang. Ich weiß mich aufgehoben.

Ich bin Blau.

Ganz bewusst achte ich auf alles Blaue, das mir begegnet.
Ich segne Blau. Ich danke für Blau.

Ich liebe Blau.

Kronenchakra – Licht und Spiritualität

Die Farbe Violett ...

... verbindet mit der göttlichen Kraft.

... erinnert an den eigenen göttlichen Funken und verbindet mit der Unendlichkeit.

... schenkt Dankbarkeit und lässt vertrauensvoll das Schicksal annehmen.

... bringt Licht und Segen ins Leben.

... öffnet für Wunder.

... ist Spiritualität.

Sie brauchen die Farbe Violett ...

... wenn sich Ihr Leben leer anfühlt.

... wenn Ihrem Leben der Sinn fehlt.

... wenn Ihnen das Vertrauen zu göttlichen Kräften fehlt – auch zu Ihrer eigenen Göttlichkeit.

... wenn Sie Angst haben vor dem Alleinsein, vor Krankheit und Tod.

... wenn Sie sich psychisch erschöpft fühlen.

Mit Violett aktivieren Sie Ihr Kronenchakra. Um sich noch mehr damit zu verbinden, lassen Sie Violett intensiv auf sich wirken. Erfahren Sie diese Farbe mit allen Sinnen.

Ich sehe die Kraft von Violett.
Ich sehe mich auf dem Gipfel eines Berges.
Ich sehe in die Ferne.
Ich nehme Weite und Größe wahr.
Ich sehe den Glanz. Ich sehe das Licht.

Heute sehe ich Violett.

Ich höre Violett. Ich höre meinen Atem, er geht tief und langsam.
Ich höre das OM. Ich höre die Stille.

Heute höre ich Violett.

Ich rieche Violett.
Ich rieche alles, und ich rieche nichts.

Heute rieche ich Violett.

Ich schmecke Violett.
Ich schmecke die Klarheit, die Reinheit,
die Leere, die Fülle, das Nichts und das Alles.

Heute schmecke ich Violett.

Ich fühle Violett.
Ich fühle, dass es in mir und in jedem Wesen einen geheiligten Ort gibt.
Ich fühle meinen heiligen Ort in mir.
Ich fühle Größe und Stille in mir.

Heute fühle ich Violett.

Ich trage Violett. Ich weiß um ein großes Geheimnis.
Ich ahne die Ewigkeit.
Ich lasse Vollkommenheit zu. Es ist, wie es ist.
Ich bin im Einklang.

Ich bin Violett.

Ganz bewusst achte ich auf alles Violette, das mir begegnet.
Ich segne Violett. Ich danke für Violett.

Ich liebe Violett.

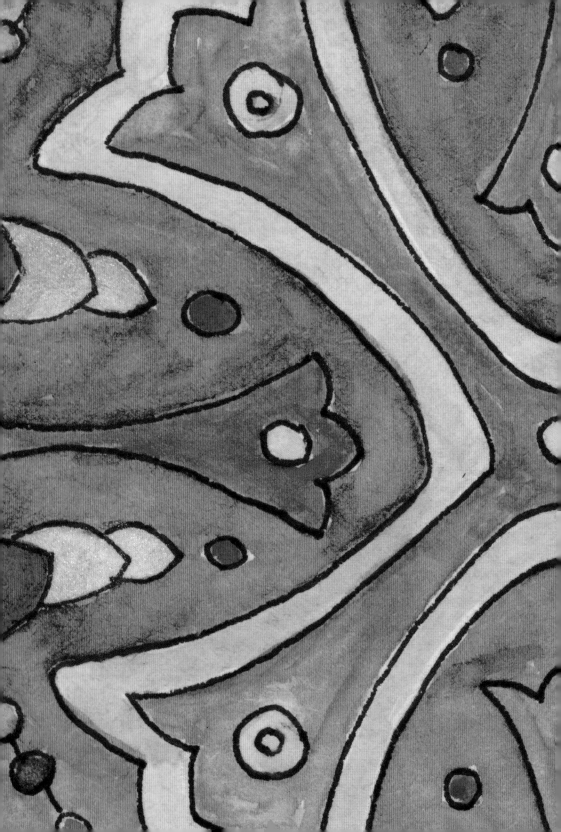

Die Anwendung
der 42 Schilde

Mit Informationen regen wir unseren Geist an, doch über
Meditationen lässt sich der Zugang zu unserem Inneren,
zu unserer Seele finden. Insbesondere Bildmeditationen
wirken tief greifend und wunderbar heilend. Es ist eine
alte Methode, Bilder und Symbole auf das Unterbewusstsein wirken zu lassen. Als besonders aufnahmebereit
und daher noch einmal so intensiv haben sich hierbei die
Chakren erwiesen. Sie fungieren wie Pforten oder Tore,
durch die wir die Energien direkt empfangen können.
Heilende Bilder können so gezielt eingesetzt werden.
Um solche heilenden Bilder handelt es sich auch bei den
Energie- und den Schutzschilden.

Schilde für sensible Menschen

Bei den Energie- und den Schutzschilden handelt es sich um heilende Bilder für Körper, Geist und Seele. Die Idee dahinter ist, dass das Unterbewusstsein den Begriff »Schild« seit Urzeiten mit Vertrauen und Schutz verbindet. Schilde werden im Zusammenhang mit göttlichem Schutz schon in biblischen Psalmen erwähnt. Auch hatte jeder Ritter, der in die Welt hinauszog, zu seinem Wohl einen Schild dabei. Es ist eine durchwegs positive Botschaft, die in diesem Symbol enthalten ist.

Die energetischen Schilde wirken wie ein schützender und heilender Filter. Sie blocken das ab, was feindlich ist und was uns schaden würde. Sie lassen das hindurch, was uns guttut. Denn sie sind voller Licht und lassen nur lichtvolle Energien zu uns gelangen.

Nun sind manche Menschen der Überzeugung, sie seien selbst stark genug und bräuchten keinen Schutz. Andere meinen, die Arbeit mit Symbolen und allerlei Schutzmechanismen führe zu Trennung und Abschottung, ihr Ziel sei es aber, zur Einheit, zum Einssein zu gelangen. Das stimmt nur bedingt. Es ist dann richtig, wenn die Chakren bestens arbeiten und damit das Immunsystem und die Aura stabil und gefestigt sind. Dann sorgen die körpereigenen Systeme dafür, dass schädliche Einflüsse abgeblockt werden oder einfach durchziehen können und dass Belastungen gut verarbeitet werden können. Dann braucht man in der Tat keinen zusätzlichen Schutz.

In der eigenen Einschätzung sollte man sich aber nicht täuschen. Die meisten Menschen sind mit allerlei Ärgernissen und Sorgen belastet. Da geht es um Liebeskummer, Überlastung und Existenzängste. Wirklich weise und in sich ruhend ist kaum einer. Bis man so weit ist, sollte man sich nicht scheuen, sich mit Schutz- und Energiesymbolen zu umgeben, sonst erreicht man das hohe Ziel womöglich nie.

Die meisten Menschen verfügen eben nicht über ein gesundes und gut funktionierendes Grundsystem. Ihre Aura weist riesige Energielecks auf, die teilweise noch aus der Kindheit stammen und um deren Heilung sich nie jemand gekümmert hat. Sie sind verletzt und verwundbar. Sie brauchen Schutz und Kraft – sei es für ihre Liebe, für ihren Job, für ihr Geld oder für ihre Leber.

Schutzschild für die Unternehmungslust (Wurzelchakra): Nicht immer ist es allein die Farbe, die die Wirkung eines Schildes bestimmt. Rot, die Hauptfarbe des Wurzelchakras, wurde hier durch Orange und Gelb ergänzt. Dadurch entsteht mehr Leichtigkeit, die Aktivitäten geraten besonders fröhlich. Die Flammenform der roten Bereiche jedoch weist auf die eindeutige Zuordnung zum Wurzelchakra hin, zur Urkraft, zum brennenden Lebenswillen.

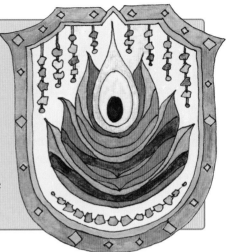

Ein weiterer guter Grund für die Anwendung von Energie- und Schutzsymbolen ist, dass die Feinfühligkeit unter den Menschen zunimmt. Manche mögen das gar nicht glauben, sie erzählen, sie würden nur noch Härte und Kälte erleben statt Sensibilität. Und doch gibt es genau davon immer mehr. Die Menschen spüren sehr intensiv den zunehmenden Leistungsdruck und den Konkurrenzkampf. Sie nehmen dies nicht schicksalsergeben hin wie vielleicht frühere Generationen, sondern sie erkennen, dass dies nicht in Ordnung ist, und leiden darunter. Manche legen sich deswegen eine harte Schale zu, andere schaffen dies nicht und drohen daran zu zerbrechen.

Der Anstieg von Allergien und Erkrankungen, die auf Überlastung zurückzuführen sind, hat ebenfalls mit der zunehmenden Sensibilisierung zu tun. Auch die vielen gescheiterten Beziehungen sind kein Signal dafür, dass die Menschen nichts mehr fühlen würden. Im Gegenteil. Die meisten trennen sich, weil sie fühlen, dass die Liebe nicht reicht, und weil sie eben keine faulen Kompromisse eingehen möchten. Dass die Menschen auf ihr Unwohlsein mit Krankheit, Kündigung oder Trennung reagieren, ist doch ein Zeichen, dass ihre Wahrnehmungsfähigkeit extrem gut ausgeprägt ist. Nur können sie mit den belastenden Eindrücken oft nicht umgehen.

Wir sollten dies aber nicht als Versagen deuten, sondern uns über die positive Seite an dieser Entwicklung freuen. Denn im Grunde ist die persönliche Sensibilisierung, die sich über alle gesellschaftlichen Anforderungen und Verpflichtungen hinweggesetzt, doch ein Zeichen unseres Überlebenswillens.

Immer mehr wollen große Konzerne unsere Interessen erforschen, über die Werbung wird versucht, unsere Vorlieben und unseren Willen zu beeinflussen. Wie sollten wir besser darauf reagieren als mit einem extrem feinen Gespür? Statistiken sagen nicht aus, was für uns persönlich falsch oder richtig ist. Die alten Glaubensrichtlinien haben sich überholt. Wir können uns doch nur auf uns selbst verlassen, um zu entscheiden, was uns guttut und was nicht. Um dieses Wahrnehmungsvermögen aber auch richtig nutzen zu können, ist es unerlässlich, dass unser Inneres klar bleibt. Wir müssen Angriffe erkennen lernen, die darauf ausgerichtet sind, unser Energiesystem anzuzapfen. Und wir müssen bereit sein, uns zu schützen, wenn es nötig ist – genug gute Gründe also, sich um die Pflege der Chakren zu kümmern.

Hinzu kommt, dass gerade die Menschen, die sich auf den Weg machen, ihre Spiritualität zu entwickeln, besonders angreifbar und verletzlich sind. Das rührt daher, dass sie sorgfältig darauf achten, nur ja nicht zum Täter zu werden. Schließlich möchten sie kein belastendes Karma auf sich laden. Was sie dabei jedoch übersehen, ist, dass sie genau durch dieses Verhalten Gefahr laufen, in die Opferrolle zu geraten. Das ist aber auch nicht der Sinn der Sache, denn es ist lediglich das Gegenteil des Täterdaseins. Vielleicht klingt es für die eigenen Moralinstanzen weniger verwerflich, ein Ungleichgewicht bleibt es dennoch. Die Energie ist in der Täter- wie in der Opferrolle dieselbe, nur wird sie hier passiv und dort aktiv gelebt. Frei ist man nur, wenn man aus dem gesamten Macht- und Ohnmachtsgefüge aussteigt. Wahre Freiheit findet sich nur in der Mitte, in der eigenen Mitte. Den Weg dorthin, Sie ahnen es schon, ebnet ein ausgeglichenes Chakrensystem.

Schutzschild für das Licht (Nabelchakra): Verwirrung gibt es im Miteinander genug. Gerade über das Nabelchakra finden die meisten Machtspiele statt. Daher ist es mehr als notwendig, Licht ins eigene System und in die zwischenmenschlichen Verhältnisse zu bringen. Die klare Formensprache dieses Schildes, eingebettet in helle Gelbtöne, dient als Sinnbild für ein lichtvolles Nabelchakra.

Runde Energieschilde und wappenförmige Schutzschilde

Mit den Energieschilden aktivieren Sie Ihre Chakren. Sie reichern Ihr gesamtes System mit frischer Energie an, dadurch können Sie Ihre Ressourcen vollständig nutzen. Mit den Schutzschilden schirmen Sie Ihre Chakren ab von belastenden äußeren Einflüssen. Sie können Ihre Kräfte sammeln und sich von Grund auf regenerieren.

Der Unterschied ist jedoch fein. Zuweilen überlagern sich die Energieschilde und die Schutzschilde sogar in ihrer Wirkung. Daher können Sie bei der Auswahl der Schilde nichts falsch machen. Beide Arten wirken wohltuend auf Ihr Chakrensystem.

Energieschilde haben eine runde Form, gilt der Kreis doch als die Form der höchsten Vollendung. Sie dienen dem Aufbau der Chakren und damit der Kräftigung des gesamten Energiesystems. Ein Energieschild wirkt wie ein Katalysator auf das entsprechende Chakra. Es ist, als ob man einen prachtvoll strahlenden Lichtkegel auf das Chakra richtet. Die eigene Energie geht mit dieser lichtvollen Kraft in Resonanz, und die Aktivität des Chakras wird angeregt. Die positiven Kräfte des jeweiligen Chakras zeigen sich leichter und wirken intensiver. Mit der Zeit drehen sich die so aktivierten Chakren schneller, ihre Farben beginnen frischer und heller zu leuchten. Das tut auch den Zellen gut, wir werden insgesamt vitaler und leistungsfähiger. Was immer wir vorhaben, gelingt mit strahlenden Chakren leichter und reibungsloser.

Schutzschilde haben eine Wappenform. Sie sind dazu gedacht, die Chakren vor belastenden und störenden Einflüssen zu schützen. Sie sind den Schilden der Ritter nachempfunden, die sich gegen Angriffe mit einem Schild geschützt haben. Um sich gegen Angriffe von Energieräubern zu schützen, aber auch um ein Energieleck abzudichten, ist ein Schutzschild ein wunderbares Mittel. Auch nach einer Krankheit oder in einem Zustand der psychischen Erschöp-

fung tut ein zusätzlicher Schutz gut. So wie es auch guttut, sich in eine Decke zu wickeln, wenn einem die Welt mal wieder besonders zugesetzt hat und man Erholung braucht.

Einen Schutzschild zu nutzen ist, wie wenn sich ein guter Freund oder ein Engel schützend zwischen uns und die Umwelt stellt und alles Böse von uns fernhält. Was guttut, darf durch und kommt durch. Die Farben sind wie bunte Kirchenfenster. Sie schirmen ab, was schadet, lassen das Licht aber hindurch. Schutzschilde sind wunderbar zum Regenerieren. Unter ihrem Schutzschirm können wir uns entspannen und vollständig erholen.

Hinweis: Um mit den Schilden zu arbeiten, nehmen Sie die Botschaften, die in den Schilden enthalten sind, mit den Augen oder mit den Händen auf und vertrauen darauf, dass die darin enthaltenen Informationen genau dorthin gelangen, wo sie gebraucht werden.

Intensivieren können Sie die Wirkung, wenn Sie sich von Ihrem Schild den Tag über begleiten lassen. Vielleicht haben Sie ja Gelegenheit, zwischendurch ins Buch zu schauen und sich für diesen Augenblick die Kraft Ihres Schildes in die Aura zu holen. Sie können dazu aber auch die 14 Karten nutzen, die diesem Buch stellvertretend für das breit gefächerte Wirkungsspektrum der Chakren beiliegen – jeweils ein Energieschild und ein Schutzschild für jedes Chakra (die betreffenden 14 Schilde sind ab Seite 54 mit dem Symbol ▮ gekennzeichnet). Diese Karten können Sie bequem bei sich tragen und haben sie immer zur Verfügung. Wenn Sie mögen, geben Sie eine Karte in eine Klarsichtfolie oder legen sie unter eine Glasplatte. Schon haben Sie einen Untersetzer und können mit der Kraft der Schilde Ihr Trinkwasser energetisieren.

Energieschild für die Genussfähigkeit (Sakralchakra):
Die Zahl Sechs, die dem Sakralchakra entspricht, ist mit sechs Blütenblättern dargestellt. Umgeben wird die Blume von einer Edelsteinkette und sechs einzelnen Steinen. Blumen und Edelsteine wecken die Freude an irdischen Genüssen. Die Chakrafarbe Orange ist die Hauptfarbe, ergänzt durch Türkis, das ebenfalls die Entfaltung der Talente fördert.

Das Kartenziehen – intuitiv, offen oder bewusst?

Mit spirituellen Karten zu arbeiten ist immer wieder eine Freude. Bestimmt haben Sie schon Erfahrungen damit gemacht und kennen unterschiedliche Kartendecks. Vielleicht haben Sie auch Karten zu Hause – Engelkarten, schamanische Karten, Lebensfreudekarten oder auch Göttinnenkarten. Die Auswahl ist groß und bunt. Gerne werden in spirituellen Seminaren Karten gezogen. Ich selbst wende dies auch in meinen Kursen an. Doch, das stelle ich immer wieder fest, es hat so seine Tücken.

Da liegen sie nun, die Karten, ausgebreitet auf dem Tisch oder Boden. Intuitives Ziehen ist gefragt. Manche können das richtig gut. Sie fahren langsam mit der Hand über die Karten, plötzlich stoppen sie und wissen: Das ist ihre Karte, hier finden sie die Botschaft für den gegenwärtigen Moment.

Viele andere aber sind unsicher. Sie spüren kein Kribbeln, kein Ziehen, einfach nichts. In ihrer Verwirrung nehmen sie irgendeine Karte und können mal mehr, mal weniger damit anfangen. Sie finden ihren Zustand in der Beschreibung nicht wieder. Hätte etwas anderes auf der Karte gestanden, da sind sie sich sicher, hätte das nur besser sein können. Sie sind unzufrieden mit dem Ergebnis, schielen enttäuscht auf die Karte des Nachbarn und denken, wieder einmal danebengegriffen zu haben.

Der Grund ist: Bei vielen Menschen löst der Zwang, sich spontan entscheiden zu müssen, nur Stress und Verwirrung aus. Sie haben wenige Sekunden und sollen eine »richtige« Wahl treffen. Und das noch im Beisein von vielen anderen Leuten. Wer sensibel ist, spürt, wie der Druck zunimmt. Damit einher geht eine sofortige Blockade der Intuition. Intuition kann jedoch nur fließen, wenn Bewusstsein und Unterbewusstsein entspannt sind. So aber greift man aus Verlegenheit, aus Druck oder aus Frust zu einer Karte, »weil es eben sein muss«. Und dann soll diese eine Karte die entscheidende Botschaft beinhalten? Das kann nicht zufrieden machen.

Wenn Sie einen guten Draht zu Ihrer inneren Stimme bzw. zur geistigen Welt haben, können Sie diese blinde Form des Kartenziehens zu jeder Zeit anwenden.

Wenn Sie sich damit aber schwertun, dann entscheiden Sie sich für das offene Auswählen. Dabei lassen Sie Ihr Gespür mitreden. Das heißt, Sie drehen die Karten um und schauen sie an. So können Informationen von Bildern und Texten auf Sie wirken und lösen in Ihnen eine Resonanz aus. Dann erst entscheiden Sie sich und nehmen die Karte, die Sie aktuell am meisten anspricht – und sei es, weil sie Ihnen rein optisch gefällt.

Oder Sie gehen noch einen Schritt weiter und entscheiden sich für das bewusste Auswählen. Auch hierbei liegen die Karten offen vor Ihnen. Sie wissen, welche Energie Sie gerade brauchen und nehmen eine Karte, die genau dieses Thema unterstützt.

Es ist eine überaus bereichernde Erfahrung, die Karten bewusst und mit klarer Absicht auszuwählen und zu verwenden. Gerade in unserer neuen Zeit wird es immer wichtiger, ein eigenes Bewusstsein zu setzen und eigene Botschaften auszusenden. Wir sind in der Zeit des Mitschöpfertums angekommen. Das heißt, wir erkennen mehr und mehr den göttlichen Funken in uns und damit unsere eigene Schöpferkraft. Damit einher geht, dass wir für unsere Entscheidungen, die wir jetzt ja bewusst treffen, die volle Verantwortung tragen. Aber wir wissen auch, dass wir unsere Wege und Richtungen immer wieder ändern können. Das ist aufregend, neu, spannend. Sagen Sie nur mal den Satz: »Ich erlaube mir, meine Ziele selbst zu wählen.« Bei manchen kommt nun sofort eine innere Diskussion in Gang: Darf ich das? Steht mir das zu? Vielleicht ist es ja besser für mich, wenn ich das Ziel nicht erreiche? Vielleicht soll ich durch das Scheitern lernen? Doch, Sie dürfen. Sie dürfen sich etwas wünschen. Sie dürfen sich Ziele setzen, ganz klare, eindeutige Ziele.

Das gilt auch für solch scheinbar einfache Vorhaben wie das Ziehen einer Karte. Scheinbar einfach deshalb, weil der Vorgang natürlich simpel ist, die Wirkung aber höchst komplex und umfassend sein kann. Denn mit der Aktivierung eines Chakras lässt sich ein gesamter Lebensbereich grundlegend wandeln und kraftvoll ausbauen.

Verinnerlichen Sie also: Sie dürfen für sich entscheiden, was Sie wollen. Fragen Sie sich: »Was brauche ich? Welche Energie will ich jetzt haben?« Erlauben Sie sich, Ihre Wünsche zu formulieren und dazu zu stehen. Falls Zweifel aufsteigen, festigen Sie die Absicht nochmals, indem Sie zu sich sagen: »Doch, ich darf das. Es steht mir zu. Denn dies ist mein Leben.«

Lassen Sie uns dazu einen Ausflug machen zum Thema Glaubenssätze. Ein alter und oft gehörter Glaubenssatz sagt: »Man kann nicht alles haben.«

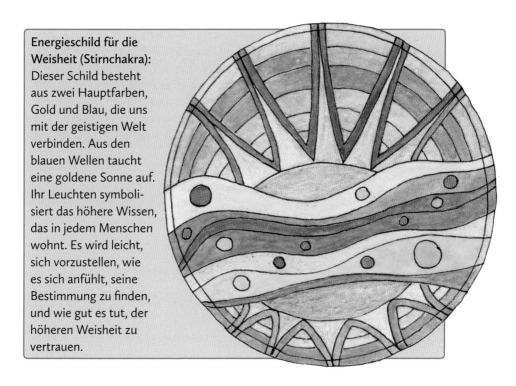

Energieschild für die Weisheit (Stirnchakra): Dieser Schild besteht aus zwei Hauptfarben, Gold und Blau, die uns mit der geistigen Welt verbinden. Aus den blauen Wellen taucht eine goldene Sonne auf. Ihr Leuchten symbolisiert das höhere Wissen, das in jedem Menschen wohnt. Es wird leicht, sich vorzustellen, wie es sich anfühlt, seine Bestimmung zu finden, und wie gut es tut, der höheren Weisheit zu vertrauen.

Das löst bei manchen Menschen aus, dass, wenn sie gesund sind und in einer glücklichen Familie leben, meinen, jetzt wäre es zu viel verlangt, auch noch genügend Geld zur Verfügung zu haben. Alles geht nicht? Alles geht schon!

Es geht alles, was für uns selbst passt. Was nicht passt, brauchen wir auch nicht. »Man kann nicht alles haben« ist nur insoweit richtig, dass man nicht mehrere Leben gleichzeitig leben kann. Das stimmt. Aber das muss auch gar nicht sein. Für das eigene Leben aber kann man alles ausschöpfen. Unser gesamtes Potenzial steht uns zur Verfügung. Und das ist groß. Es ist viel mehr, als die meisten sich zutrauen. Sie schnüren sich viel zu früh ab mit diesem beengenden Glaubenssatz.

Erlauben Sie sich, alles zu haben, was zu Ihnen gehört. Das heißt, den ganzen Reichtum Ihrer Seele auszuschöpfen und alles in Anspruch zu nehmen, was zu Ihnen gehört. Lassen Sie nichts ungenutzt. Sie haben Ihr Glück, Ihre Fähigkeiten und Ihre Talente nicht bekommen, damit Sie es aufsparen. Denn Sie können dies nicht ungenutzt vererben. Sie können es nur weitergeben und andere damit inspirieren, wenn Sie es nutzen, wenn Sie es zum Ausdruck bringen, wenn Sie es leben. Also leben Sie Ihr Potenzial! Ein anderer kann das nicht tun. Wenn Sie darauf verzichten, nützt das niemandem. Denn ausschließlich Sie selbst haben auf Ihr Potenzial Zugriff. Andere können Ihre Kraft anzapfen, aber nie aus Ihrer Quelle schöpfen. Aus dieser Quelle können nur Sie schöpfen. Jeder kann nur das Seine leben. Was übrigens bei jedem Menschen sehr viel ist. Fühlen Sie es! Fühlen Sie sich machtvoll! Fühlen Sie sich reich! Fühlen Sie sich glücklich!

Handeln Sie beim Kartenziehen immer so, dass Sie sich dabei wohlfühlen. Lassen Sie sich nichts aufzwingen. Es gibt keine allgemeingültigen Regeln, beim Kartenziehen schon gar nicht. Was Ihnen nicht guttut, das lassen Sie. Und falls Sie das intuitive Ziehen doch interessant finden, brauchen Sie darauf nicht zu verzichten. In einer ruhigen und gelassenen Atmosphäre wird es Ihnen gelingen und Sie können ebenfalls sehr gute Ergebnisse haben.

Das intuitive Ziehen

Hierfür bereiten Sie sich vor wie zu einer Meditation. Das heißt, Sie werden ganz ruhig, lassen das Alltagsgeschehen hinter sich und entspannen sich. Sie atmen gleichmäßiger und tiefer. Sie verbinden sich mit dem Himmel und der Erde.

Nun stellen Sie sich auf Ihre Frage ein, etwa: »Was will mir die geistige Welt zu meinem Thema sagen?« oder »Welches Chakra braucht heute Unterstützung?«

Mischen Sie dann mit geschlossenen Augen die 14 Karten, und wählen Sie eine Karte aus.

Oder Sie schlagen das Buch im Kartenteil an einer beliebigen Stelle auf. Schauen Sie den Chakraschild an. Sie haben nun einen wappenförmigen Schutzschild oder einen runden Energieschild vor sich liegen. Er ist einem bestimmten Chakra zugeordnet. Lassen Sie den Schild auf sich wirken. Er ist Ihrer – für diesen Moment, für diesen Tag, für diese Frage.

Das offene Ziehen

Hierbei schauen Sie die 14 Karten offen an oder blättern im Bildteil des Buches und lassen die Schilde quasi im Vorüberziehen auf sich wirken. Spricht

Sie ein Schild an, aus welchen Gründen auch immer, nehmen Sie es als Ihren Schild für diesen Tag. Sie erkennen, dass es »Ihr« Schild ist, weil er Ihren Blick etwas länger festhält oder weil er etwas in Ihnen bewegt.

Ein konkretes Anliegen können Sie mit dem offenen Ziehen allerdings auch bearbeiten. Es ist durchaus eine gute Idee, wenn Sie sich vor oder während des Blätterns und Aussuchens auf ein Thema fokussieren, das Sie gerade bewegt. Das kann zum Beispiel die Angst vor einem anstehenden Gespräch sein oder der Wunsch, einen aktuellen Konflikt zu lösen. Es kann ein psychisches Unbehagen sein, für das Sie keinen Grund nennen können. Auch können Sie sich auf eine ungeliebte Lebenssituation konzentrieren, mit der Sie gerne besser klarkommen würden.

Das bewusste Ziehen

Diese Methode funktioniert dann gut, wenn Sie sich mit der Wirkung der Chakren bereits vertraut gemacht haben. Sie wissen um Ihre Schwächen und Energielecks und wollen jetzt den Schutz und den Aufbau angehen. Zur Unterstützung für dieses Chakra suchen Sie sich eines der zugehörigen Schilde als Ihre aktuelle Karte aus. Wenn es an Vitalität und Durchsetzung fehlt, wählen Sie eine Wurzelchakra-Karte. Wenn es an Geld und Schöpferkraft fehlt, nehmen Sie eine Sakralchakra-Karte. Brauchen Sie Liebe und Heilung, ist die Herzchakra-Karte richtig usw.

Sie können sich hierbei für mehr Schutz oder für mehr Energie entscheiden, also den Schutzschild bzw. den Energieschild für dieses Chakra nehmen. Genauso aber können Sie beide Karten auswählen und sie beide auf sich wirken lassen.

Lassen Sie sich also ganz entspannt auf die Chakren und deren Schutzschilde und Energieschilde ein. Dazu gehört, dass Sie Ihre Form des Kartenziehens finden. Eine Berechtigung haben sie alle – das bewusste Auswählen, weil es an die eigene Schöpferkraft andockt, das intuitive Ziehen, weil es unerwartete Wendungen anregen kann, und das offene Ziehen, weil es eine Mischung zwischen beidem ist. Wechseln Sie zwischendurch gerne mal die Methode, damit bereichern Sie Ihre Erfahrungswelt. Vertrauen Sie außerdem darauf, dass Sie nichts falsch machen können. Schilde kann man nicht überdosieren. Wenn Sie sich nicht sicher sind, nehmen Sie eben zwei oder drei Schilde – jedoch nicht mehr, der inneren Klarheit zuliebe.

Die Schilde anwenden

Erinnern Sie sich: Wenn Sie Ihre Chakren schützen und aufbauen, tun Sie viel für Ihre geistig-seelische Gesundheit und zugleich für Ihr körperliches Wohlergehen. Denn die Chakren regen die Drüsentätigkeit und damit die Hormonproduktion an. So erreichen Sie auf allen Ebenen Wohlbefinden. Und wer auf allen Ebenen gesund ist, schöpft ganz selbstverständlich sein Potenzial aus.

Ein Schild für diesen Moment

Sie haben eine bestimmte Frage oder suchen einfach für den gegenwärtigen Moment nach Unterstützung. Wählen Sie nach Ihrer Methode einen Schild aus, einen aus den Karten oder einen aus dem Bildteil des Buches.

Das ist er – Ihr Schild für diesen Augenblick, für diese Frage, für diesen Tag. Lassen Sie das Bild auf Ihre Seele wirken. Schauen Sie es einfach nur an. Wenn Sie das Gefühl haben, dass dies noch nicht reicht, wählen Sie einen zweiten und einen dritten Schild aus.

Zu jedem Schild finden Sie im Buch passende Affirmationen. Auch hierin können wertvolle Botschaften für Sie enthalten sein. Weitere Anregungen findet Ihre Seele, wenn Sie die »meditativen Texte« über das zugehörige Chakra lesen. Oder Sie möchten Ihren Geist anregen, dann lesen Sie in den »informativen Texten« mehr über die Bedeutung nach.

Chakraaufbau in sieben Tagen

Gönnen Sie sich sieben Tage lang einen Komplettaufbau für Ihre Chakren und damit für Ihre Aura. Das ist wie eine kleine Kur, die Ihrer Gesundheit dient und Ihr Energiesystem wunderbar harmonisiert. Gehen Sie strukturiert vor wie beim Hausbau, auch hier wird der Keller vor dem Dach gebaut.

Sorgen Sie also am ersten Tag für eine gute Grundlage, und beginnen Sie beim ersten Chakra, dem Wurzelchakra, mit den roten Schilden. Dann arbeiten Sie sich in den kommenden Tagen nach oben bis hin zu den violetten Schilden für das Kronenchakra am siebten und letzten Tag Ihrer »Wellnessreise«. Sie können dafür nur mit den Energieschilden oder nur mit den Schutzschilden arbeiten, Sie können aber auch täglich zwei Schilde auf sich wirken lassen – ganz wie es Ihren Bedürfnissen entspricht.

Nehmen Sie sich für jeden Schild zumindest einmal am Tag ein paar Minuten Zeit. Ideal wäre es, wenn Sie jeweils morgens und abends einen Moment der Besinnung haben. Schauen Sie auf das Bild, und versenken Sie sich in die Farben und Formen Ihres Schildes. Aufkommende Gedanken lassen Sie weiterziehen, ohne sie festzuhalten. Lassen Sie nur den Schild auf sich wirken. Wenn Sie zwei Schilde ausgesucht haben, machen Sie die Übung nacheinander.

Chakraharmonisierung in sieben Wochen

Diese Komplett-Übung lässt sich wunderbar ausdehnen. Besonders intensiv ist es, wenn Sie sich dafür sieben Wochen Zeit nehmen. Das bedeutet, Sie haben für jedes Chakra eine ganze Woche. In dieser Woche können Sie Ihren Geist mit Informationen füttern. Sie können nachlesen, was jedes einzelne Chakra zu bedeuten hat, und Sie können sich mit der zugehörigen Farbe intensiv auseinandersetzen. Vielleicht tragen Sie diese Farbe bevorzugt in Ihrer Kleidung? Vielleicht wählen Sie, sofern das möglich ist, diese Farbe auch für Ihr Essen und Ihre Getränke.

Immer lassen Sie sich dazu von den Chakraschilden begleiten. Beginnen Sie auch bei der siebenwöchigen Kur mit dem Wurzelchakra, um den Boden zu bereiten, und beenden Sie den Zyklus mit dem Kronenchakra und der Verbindung zum Himmel.

In jeder dieser »Chakrawochen« können Sie alle zugehörigen Schilde auf sich wirken lassen. Arbeiten Sie mit dem wappenförmigen Schutzschild, wenn Sie innerlich zur Ruhe zu kommen und Kräfte sammeln möchten. Wenden Sie sich dem runden Energieschild zu, wenn Sie dem Chakra frische Energie zuführen möchten und seine Qualitäten aktiv leben wollen. Sie können beide Schildformen abwechselnd oder auch gemeinsam verwenden. Diese Wochen können ein sehr sinnliches und intensives Erlebnis werden.

Ein Schild für unterwegs

Für jedes Chakra sind zwei ausgewählte Schilde als Karten beigelegt, ein Energieschild und ein Schutzschild (ab Seite 54 mit dem Symbol 🛡 gekennzeichnet). Diese Karten können Sie wie einen mobilen Schild einfach mit sich nehmen. Tragen Sie die Karte bei sich, legen Sie sie neben Ihr Kopfkissen oder auf Ihren Schreibtisch. So haben Sie die Energie des Schildes den ganzen Tag lang um sich und können auch noch im Schlaf Ihr Chakra schützen und aufladen.

21 Energieschilde und 21 Schutzschilde

Die Schilde sind so gestaltet, dass sie direkt auf die einzelnen Chakren wirken. Zu jedem Chakra finden Sie drei Energieschilde und drei Schutzschilde, die jeweils eine andere Facette der typischen Chakraeigenschaften bildlich wiedergeben. Die 14 Schilde, die dem Buch als Karten beiliegen, sind mit dem Symbol ▯ gekennzeichnet.

Die begleitenden Texte sind passende heilende Sätze. Vielen Menschen fällt es leichter, sich zu konzentrieren, wenn sie ihrem Verstand eine Aufgabe geben, wie eben einen Text zu lesen. Mit den positiven Affirmationen können Sie die Wirkung der Schilde also unterstützen.

Bitte betrachten Sie diese Sätze aber lediglich als Anregung. Wenn Sie mit den Schilden eine andere Kraft verbinden, lassen Sie sich nicht beirren – nehmen Sie sie so auf, wie es Ihrem Empfinden entspricht. Vertrauen Sie auf Ihr Unterbewusstsein. Damit bewahren Sie Ihre persönliche Freiheit.

Energieschild
für die Verwurzelung

Urkraft

Ich stärke meine Wurzeln,
meinen Mut und meine Tatkraft.

Energie und Kraft breiten sich
in meinem Körper aus.

Rot macht mich vital und stabil.

Ich stehe mit beiden Beinen
auf der Erde.

Ich bin fest verankert.

Mein starkes Wurzelchakra
schenkt mir Mut und Zuversicht.

Ich bin sicher.

Energieschild
für das Ich

Urkraft

56

Jeder hat seinen Platz auf der Erde.

Ich habe meinen Platz.

Nur ich kann ihn ausfüllen.

Hier habe ich alle meine Ressourcen
zur Verfügung.

Hier finde ich den Zugang zur Urkraft.

Und hier ist die Quelle
meiner Lebenskraft.

Sie sprudelt nur für mich.

Ich nehme meinen Platz ein,
und ich fülle ihn vollständig aus.
Jetzt.

Energieschild für das Urvertrauen

Urkraft

Ich sage ein klares Ja zum Leben.

Ich lebe gern.

Mein Urvertrauen
wächst immer noch mehr.

Ich vertraue mir.

Ich kann mich auf mich verlassen.

Stabil und selbstsicher
stehe ich im Leben.

Ich habe Abenteuergeist.

Ich bin selbstbewusst.

Ich bin mutig.

Ich bin stark.

Schutzschild für die Willenskraft

Urkraft

Über meine Wurzeln
bin ich fest mit der Erde verbunden.

Ich weiß, was ich will.

Meinen Willen äußere ich
klar und bestimmt.

Ich traue mich, Stellung zu beziehen.

Wenn Widerstände auftauchen,
bleibe ich auf meinem Weg
und überwinde sie.

Ich sage, was ich will.

Ich sage auch Nein.

Ich kann mich durchsetzen.

Schutzschild für die Unternehmungslust

Urkraft

62

Meine Wurzeln reichen tief in die Erde.

Hitze steigt auf.

Alle meine Ängste lösen sich dabei auf.

Mir ist angenehm warm.

Unternehmungsgeist durchrieselt mich.

Auch wenn andere an mir zweifeln,
bleibe ich in meiner Kraft.

Ich weiß mich
mit der Urkraft verbunden.

Ich traue mir etwas zu.

Ich traue mir sogar viel zu. Sehr viel.

Schutzschild
für die Entschlusskraft □

Urkraft

Ich bin fest verankert
mit der Kraft der Erde.

Das macht es mir leicht,
meine Ziele zu erkennen.

Ich spüre genau, was für mich gut ist.

Ich treffe klare Entscheidungen.

Diese können anders sein,
als von mir erwartet wird.

Ich gehe meinen Weg.

Kraftvoll und freudig steuere ich
auf die Erfüllung meiner Wünsche zu.

Energieschild
für die Genussfähigkeit

Schöpferkraft

Ich erlaube mir zu genießen.

Ich liebe die Freuden des Lebens.

Es ist ein Genuss zu leben.

Und es ist ein Genuss zu lieben.

Ich bin gern auf der Erde.

Es ist schön hier.

Ich erkenne dies mehr und mehr.

Ich kann mich fallen lassen
und werde weich aufgefangen.

Ich trinke mich satt am Nektar.

Ich koste die Süße des Lebens.

Energieschild
für die Begeisterung

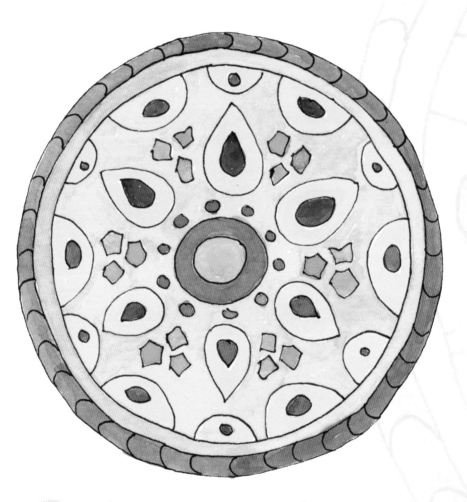

Schöpferkraft

In mir sprudelt eine unbändige Freude.

Ich habe Lust aufs Leben.

Und ich bekomme Lust,
vieles auszuprobieren.

Da gibt es so viel zu entdecken –
in mir, in anderen Menschen, in der
Welt.

Ich bin begeistert!

Mein Leben zeigt sich spielerisch,
spannend und fröhlich.

Ich tanze.

Ich lache.

Ich freue mich.

Energieschild für die Fülle

Schöpferkraft

Ich lasse Reichtum und Fülle
in mein Leben.

Der Zugang zu meinen Talenten
ist offen.

Meine Talente sind meine Schätze.

Jederzeit kann ich auf diese Schätze
zurückgreifen und sie nutzen.

Da gibt es so viel.

Ich erkenne meinen Reichtum.

Ich weiß jetzt: Ich bin reich.

Und ich habe reiche Möglichkeiten.

Ich bin ein schöpferisches Wesen.

Ich lebe meine Talente.

Schutzschild
für die Sinnlichkeit

Schöpferkraft

Ich entdecke mich als
sinnliches Wesen.

Ich probiere aus, was mir guttut.

Ich weiß, was mir guttut.

Kein anderer weiß das so gut wie ich.

Das weiß nur ich.

Und nur danach muss ich handeln.

Ich lebe meine Lust.

Ich traue mich,
mich einem anderen Menschen
zu zeigen.

Selbstbewusst und liebevoll zeige ich,
wie ich liebe und genieße.

Schutzschild
für die Lebenslust

Schöpferkraft

Blühende Blumen,
Vogelgezwitscher, Schmetterlinge –
ich lasse mich anstecken
von der Lebendigkeit der Natur.

Sie lässt mich jubeln.

Ich bin voller Lebenslust.

Die lasse ich mir nicht mehr nehmen.

Ganz egal,
was bisher alles geschehen ist:
Ich lebe.

Und ich freue mich auf das,
was kommt.

Ich lache laut und fröhlich,
einfach so, aus dem Bauch heraus.

Schutzschild
für die Schöpferkraft

Mein Leben ist reich an Erfahrungen,
Erlebnissen und Erinnerungen.

Mein Leben ist reich.

Der Reichtum
weckt meine Schöpferkraft.

Es spielt keine Rolle,
ob andere an mich glauben.

Meine Seele weiß,
dass ich ein schöpferisches Wesen bin.

Ich erkenne meine Vielfalt.

Ich entfalte meine Talente.

Ich bin kreativ.

Ich erschaffe.

Nabelchakra

Ein starkes Nabelchakra
schenkt mir Klarheit.

Ich kann Verstand und Gefühle
gut trennen.

Ich kann zwischen eigenen
und fremden Gefühlen
deutlich unterscheiden.

Ich erkenne mich selbst.

Ich spüre ganz klar, was zu mir passt,
was mir guttut und was mir schadet.

Danach handle ich.

Ich bin frei in meinen Entscheidungen.

Ich habe ein gutes Bauchgefühl.

Nabelchakra

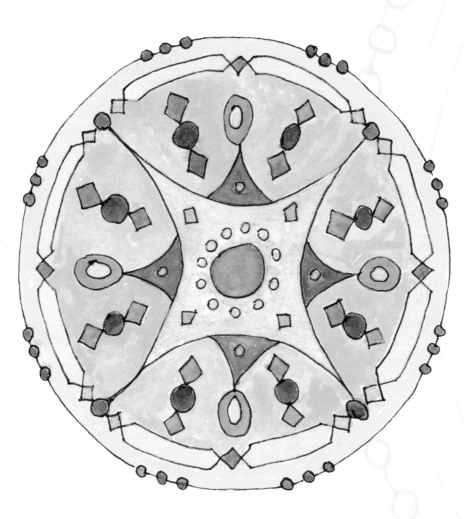

Ich bin entspannt und friedlich,
ich bin unabhängig und sehr frei.

Meine Gefühle sind ausgeglichen.

Ich bin in meiner Mitte.

Hier ist ein Zentrum der Ruhe.

Ich ruhe in mir.

Mit anderen Menschen
bin ich in freundlicher
und friedlicher Verbindung.

Ich bin stabil.

Mein Gemüt ist sonnig.

Nabelchakra

Freiheit

Jedes Lebewesen ist wertvoll.

Ich bin auch wertvoll.

Dafür muss ich gar nichts leisten.

Aber ich kann etwas leisten.

Und ich weiß, was ich kann.

Ich darf Erfolg haben.

Ich genieße meine Erfolge.

Ich lasse andere strahlen,
und ich lasse mich selbst strahlen.

Nabelchakra

Freiheit

84

Ich befreie mich
aus Manipulationen und Machtspielen.

Abhängigkeiten lösen sich auf.

Jetzt bin ich für mich selbst
verantwortlich.

So kann ich mich wundervoll entfalten.

Ich bin frei.

Ich genieße meine Unabhängigkeit,
denn ein Schild aus Licht
liegt als Schutz vor meinem Bauch.

Ich bin jederzeit gut geschützt.

Nabelchakra

Freiheit

Ich brauche mich nicht zu verstecken.

Ich bin wertvoll,
und ich darf mich zeigen.

In mir ist ein helles, wärmendes Licht.

Ich erkenne die Sonne in mir.

Mein Inneres ist lichterfüllt.

Und jeden Tag ein bisschen mehr
mag ich mein Licht zeigen.

Ich lasse mein Licht weithin leuchten.

Nabelchakra

88

Ich bestimme selbst über mein Leben.

Denn ich weiß selbst am besten,
was ich brauche.

Ich treffe klare Entscheidungen
aus dem Bauch heraus.

Ich stehe zu meinen Entscheidungen.

Für andere mögen sie falsch sein,
für mich sind sie richtig.

Dieses Vertrauen habe ich.

Energieschild für die Gesundheit

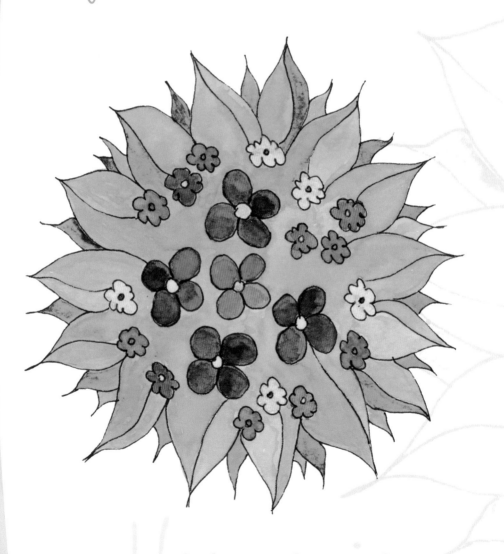

Harmonie

Ich weiß,
dass es vollkommene Gesundheit gibt.

Auch für mich.

Ich spüre, wie in meinem Leben
Gesundheit und Wohlbefinden
zunehmen.

Neue Lebenskraft durchrieselt mich.

Ich wachse und blühe
wie eine Blume im Frühling.

Mein Immunsystem ist kraftvoll.

In meinem Herzen wohnen
Frohsinn und Liebe.

Harmonie

Mein Herz ist voller Wärme
und voller Liebe.

Ich spüre ganz viel Mitgefühl in mir.

Ich spüre Zärtlichkeit.

Ich spüre Liebe.

Ich liebe die Menschen, die Tiere,
die Pflanzen, die Steine und die Sterne.

Ich liebe die Erde.

Ich liebe das Leben.

Ich liebe dich.

Ich liebe mich.

Ich liebe.

Energieschild
für das Miteinander

Harmonie

Ich drehe mich, die Erde dreht sich,
alles ist in Bewegung.

Es ist wie ein großer Tanz.

Die Welt tanzt.

Freude durchströmt mich.

Mein Leben ist erfüllt
von Licht und Freude.

Ich teile diese Freude gern mit anderen.

Ich lache fröhlich mit anderen.

Ich verströme Großzügigkeit
und Herzlichkeit.

Schutzschild
für die Selbstliebe

Harmonie

Auch wenn ich enttäuscht worden bin
und wenig Liebe empfangen habe,
so kann ich mich selbst lieben.

Anstatt in Groll und Ärger zu versinken,
ist die Selbstliebe der Anfang
für ganz viel Liebe in meinem Leben.

Ich nehme mein Leben in die Arme
und drücke es liebevoll an mein Herz.
So wie es ist.

Harmonie durchströmt mich.

Liebe durchströmt mich.

Schutzschild
für die Heilung

Harmonie

Alles hat seine Zeit.
Auch die Heilung.

Die Zeit heilt alle Wunden.

Die Natur zeigt mir, wie es geht.

Mal langsam und gründlich
wie das Wachsen eines Baumes,
dann wieder ganz plötzlich
wie das Öffnen einer Blüte.

Immer aber behutsam.

Es tut so gut.

Jetzt öffne ich mich für die Heilung.

Ich genese.

Schutzschild
für die Vergebung

Harmonie

Was geschehen ist,
lässt sich nicht ändern.

Ich akzeptiere, was war.

Jeder trägt seinen Teil daran.

Das Urteilen
überlasse ich einer höheren Weisheit.

Ich vergebe dir.

Ich vergebe mir.

Es darf jetzt vorbei sein.

Für dich und für mich.

Die Vergangenheit war gestern.

Heute ist ein neuer Tag.

Heute wachsen neue Blumen.

Heute darf die Liebe wieder sein.

Energieschild
für die Heiterkeit□

Ausdruckskraft

In mir herrscht Freude.

Ich nehme die Erde
als Spielplatz wahr.

Es gibt so viele Möglichkeiten,
die auf mich warten.

Ich erfreue mich an der bunten Vielfalt.

Jeder lebt seinen Rhythmus.

Das ist genau richtig so.

Ich bin entspannt.

Ich schenke der Welt mein Lächeln.

Und die Welt ist mein Spiegel.

Sie lächelt mich an.

Energieschild
für die Schönheit

Ich sehe, wie schön die Welt ist.

Ich höre, wie schön sie ist.

Ich rieche, schmecke
und fühle ihre Schönheit.

Mit allen Sinnen
nehme ich ihre Schönheit auf.

Jeder Stern, jeder Stein, jede Pflanze,
jedes Tier, jeder Mensch –
alle haben ihre Art der Schönheit.

Auch ich bin schön.

Ich erfreue mich an meiner Schönheit.

Energieschild für die Inspiration

Ausdruckskraft

In mir ist alles ruhig und friedlich.

Aus dieser inneren Kraft
tauchen Bilder auf.

Ideen zeigen sich.

Ich fühle mich inspiriert.

Ich bekomme Lust, mich auszudrücken,
zu reden, zu singen, zu malen,
zu tanzen.

Ich lebe gern meine kreativen Einfälle.
Und davon gibt es reichlich.

Sie werden immer mehr.

Schutzschild
für die Kommunikation

Ausdruckskraft

Missverständnisse, Fehlurteile und
Anschuldigungen waren gestern.

Ab heute
ist meine Kommunikation klar.

Ich sage, was ich sagen will.
Und nur das.

Ich sage es klar und freundlich.

Meine Worte kommen an.

Ich werde verstanden.
Und ich verstehe.

Denn ich höre zu.

Der Kontakt mit anderen Menschen
tut mir jetzt gut.

Schutzschild
für das Selbstvertrauen

Ausdruckskraft

Ich stehe zu mir.

Ich bin nicht besser als andere,
ich bin nicht schlechter als andere.

Ich bin ich selbst.

Ich akzeptiere
das Anderssein der anderen.

Jeder ist anders.

Ich auch.

Ich darf genau so sein, wie ich bin.

Auch die anderen dürfen genau so sein,
wie sie sind.

Denn wir sind alle frei.

Und das ist gut so.

Schutzschild für das Lernen

So vieles wartet darauf,
erfunden und entdeckt zu werden.

Täglich lerne ich etwas Neues.

Ich lerne leicht und gern.

Wurde mir je etwas anderes erzählt?

Das ist Vergangenheit.

Die Blockaden lösen sich auf
wie Nebel in der Sonne.

Jetzt.

Ich erkenne klar meine Lust am Wissen.

Ich sehe die Zusammenhänge.

Das Lernen bereichert meine Welt.

Energieschild
für das Vertrauen

Inneres Wissen

Ich gehöre dazu.

Ich bin gut aufgehoben im All.

Ich fühle mich beschützt.

Ich erfahre Geborgenheit –
im All und in mir,
in den himmlischen Kräften
und in meinem
eigenen göttlichen Kern.

Ich vertraue darauf,
dass meine Seele behütet ist.

Ich nehme die Weite
und die Unendlichkeit wahr.

Ich bin in Sicherheit.

Energieschild
für die Erkenntnis

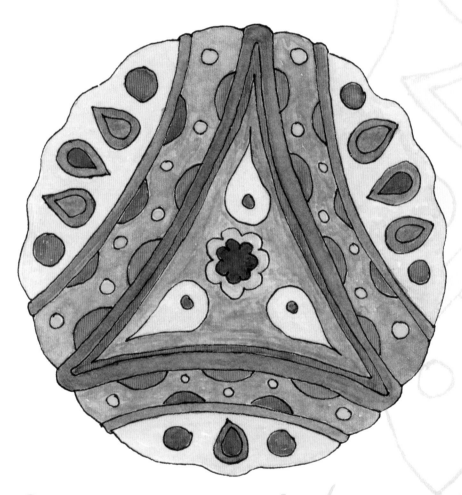

Inneres Wissen

Ich sehe die Welt,
und ich sehe mich selbst.

Nichts davon bewerte ich.

Ich schaue es nur an und lasse es zu.

Es darf sein.

Ich erkenne die Zusammenhänge.

Ich erkenne das Göttliche in mir,
und ich erkenne das Göttliche in dir.

Ich fühle Güte in mir und um mich.

Ich bin in Frieden.

Energieschild
für die Weisheit

Inneres Wissen

Ich lasse mich von meiner Seele leiten.

Ich bin dankbar.

Ich erkenne mein inneres Wissen.

Und ich öffne mich für die Weisheit
meiner Seele.

Mit jedem Tag mehr.

Dadurch kann sich
meine Persönlichkeit
zu ihrer wahren Größe entfalten.

Ich habe Zugang
zu meinen Begabungen.

Ich finde meine Bestimmung.

Ich habe Erfolg.

Ich sehe den Sinn.

Schutzschild für die Intuition

Inneres Wissen

Ich höre meine innere Stimme. Endlich!

Klar und deutlich
nehme ich die Verbindung wahr.

Ich achte darauf,
und ich vertraue darauf.

Meine innere Stimme weiß,
was gut ist für mich.

Ich erfasse gute Gelegenheiten.

Ich kann mich auf meine Eingebungen
verlassen.

Mein Leben gestaltet sich.

Es wird reich.

Meine Wünsche erfüllen sich.

Schutzschild
für das Bewusstsein

Inneres Wissen

Ich erkenne, dass ich eingebunden bin
in das Große, das Ganze.

Ich bin ein Teil dieses Ganzen.

Ich bin mir meiner selbst bewusst.

Für mich bin ich verantwortlich.

Die Verantwortung der anderen
kann ich gut bei ihnen lassen.

Dort gehört sie hin.

Ich übernehme meine Verantwortung.

Diese kann ich gut tragen,
denn sie gehört zu mir.

Schutzschild
für den Glauben

Inneres Wissen

Mein Glauben an die himmlische Welt
ist tief und fest.

Ich bin ein Teil dieser Welt.

Ich trage den göttlichen Kern in mir.

Ich fühle mich getragen
und aufgehoben.

Auch wenn mein Leben
durch Täler und Abgründe führt
oder steile Berge überquert –
ich bleibe mit der göttlichen Welt
verbunden.

Meine Intuition und
mein Glauben führen mich.

Energieschild
für die Spiritualität

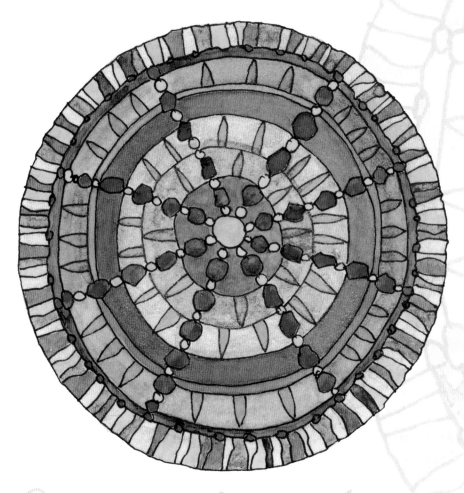

Göttliche Kraft

Ich dehne mein Bewusstsein aus.

Mein Bewusstsein ist groß und weit.

Ich nehme die Vielfalt
in der Einheit wahr.

Alles macht Sinn.

Ich bin von Dankbarkeit erfüllt.

Ich habe Zugang zur göttlichen Kraft.

Ich ahne die Göttlichkeit in mir.

Mein Leben ist gesegnet.

Jetzt können Wunder geschehen.

Energieschild
für den Frieden

Göttliche Kraft

Hitze und Kälte, Licht und Schatten,
Tag und Nacht, Sommer und Winter,
Aktivität und Passivität,
das Männliche und das Weibliche –
und doch ist alles eins.

Ich sehe die innere Verbindung.

Ich nehme das Ganze wahr.

Ich nehme auch in mir das Ganze wahr.

Ich bin in vollkommener Balance.

In mir ist alles ruhig.

Ich bin im Frieden.

Energieschild
für die Vollkommenheit

Göttliche Kraft

Das Leben ist Bewegung.

Das Leben ist Veränderung.

Alles ist im Wachsen, im Vergehen,
im Werden.

Im Wandel liegt
die wahre Vollkommenheit.

Weich gehe ich mit den Bewegungen
in meinem Leben mit.

Der Wandel erst
macht mein Leben vollkommen.

Ich bin vollkommen.

Wir sind vollkommen.

Schutzschild
für die Hingabe

Kronenchakra

Göttliche Kraft

Ich gebe mich dem Leben hin.

Ich nehme mein Schicksal an.

Die Zeiten der Einsamkeit und
der Irrwege sind vorüber.

Jetzt weiß ich, dass ich nicht allein bin.

Die göttliche Welt ist für mich da.
Immer.

Sie trägt mich, sie hält mich,
sie unterstützt mich.

So schaffe ich alles.

Ich bin in meinem Inneren ruhig
und gelassen.

Ich stimme zu.

Schutzschild
für das All-Einssein

Göttliche Kraft

Nur scheinbar existiert
die Trennung unter den Menschen
und die Trennung
zwischen den Welten.

Das irritiert mich nicht länger.

Ich hebe den Blick und schaue
in die Weite.

Ich schaue über den Horizont hinaus.

Ich sehe das Licht.

Ich ahne die Unendlichkeit.

Ich ahne, dass es etwas Größeres gibt.

Ich weiß,
ich bin mit der Schöpfung verbunden.

Schutzschild
für die Glückseligkeit

Göttliche Kraft

In mir sprudelt ein immerwährender
Quell der Freude.

Traurigkeit, Sorgen, Kummer
und Düsternis werden von dieser
unfassbaren Freude einfach
hinweggespült.

In meiner Seele ist die
Kraft des Göttlichen verankert.

Es ist die Schöpferkraft.

Es ist eine große Freude.

Diese Freude wird nie enden.

Ich bin gesegnet.

Register

Themen/Blockaden	Chakra	Passender ● Energie- oder ▼ Schutzschild	Seite	Info. Text	Med. Text
Durchfall	Wurzelchakra	▼ Entschlusskraft	64	15	24
	Nabelchakra	● Ausgeglichenheit	80	17	28
Durchsetzung, schwache	Nabelchakra	▼ Selbstermächtigung	88	17	28
Düsterkeit	Kronenchakra	● Frieden	128	21	36
Egoismus	Herzchakra	● Miteinander	94	18	30
Eifersucht	Nabelchakra	▼ Licht	86	17	28
Eigenliebe, mangelnde	Herzchakra	▼ Selbstliebe	96	18	30
Einsamkeit	Herzchakra	● Liebe	92	18	30
Entfremdung	Kronenchakra	▼ Glückseligkeit	136	21	36
Enttäuschung	Herzchakra	▼ Selbstliebe	96	18	30
Erkältung	Herzchakra	▼ Heilung	98	18	30
Erschöpfung	Wurzelchakra	● Verwurzelung	54	15	24
	Kronenchakra	● Vollkommenheit	130	21	36
Essstörungen	Nabelchakra	● Selbstwert	82	17	28
Fantasielosigkeit	Stirnchakra	▼ Intuition	120	20	34
Freudlosigkeit	Sakralchakra	● Begeisterung	68	16	26
	Kronenchakra	▼ Glückseligkeit	136	21	36
Frieren	Sakralchakra	▼ Lebenslust	74	16	26
Frust	Herzchakra	▼ Selbstliebe	96	18	30
Galle	Nabelchakra	● Klarheit	78	17	28
Gefühlsverwirrung	Nabelchakra	● Klarheit	78	17	28
Geiz	Herzchakra	● Miteinander	94	18	30
Genuss, Ablehnung von	Sakralchakra	● Genussfähigkeit	66	16	26
Geschwätzigkeit	Halschakra	▼ Kommunikation	108	19	32
Gier	Sakralchakra	● Fülle	70	16	26
	Herzchakra	● Gesundheit	90	18	30
Groll	Herzchakra	▼ Vergebung	100	18	30
Halsschmerzen	Halschakra	▼ Selbstvertrauen	110	19	32
Hände	Herzchakra	● Vergebung	100	18	30
Heiserkeit	Halschakra	▼ Kommunikation	108	19	32
Herz	Herzchakra	● Gesundheit	90	18	30
Hüften	Sakralchakra	▼ Sinnlichkeit	72	16	26
Ideenlosigkeit	Sakralchakra	▼ Schöpferkraft	76	16	26
Immunschwächekrankheiten	Kronenchakra	▼ Hingabe	132	21	36
Infekte, Anfälligkeit für	Herzchakra	● Gesundheit	90	18	30
Ischias	Wurzelchakra	● Urvertrauen	58	15	24
Kälte	Herzchakra	● Liebe	92	18	30
Kaufrausch	Sakralchakra	▼ Lebenslust	74	16	26
Kiefer	Halschakra	● Heiterkeit	102	19	32

Themen/Blockaden	Chakra	Passender ● Energie- oder ▼ Schutzschild	Seite	Info. Text	Med. Text
Knochenabbau	Wurzelchakra	▼ Unternehmungslust	62	15	24
Kommunikationsprobleme	Sakralchakra	● Begeisterung	68	16	26
	Halschakra	▼ Kommunikation	108	19	32
Kontaktarmut	Herzchakra	● Miteinander	94	18	30
Kontrollzwang	Nabelchakra	▼ Selbstbestimmung	84	17	28
Kopflastigkeit	Stirnchakra	▼ Glauben	124	20	34
	Kronenchakra	▼ Hingabe	132	21	36
Kopfschmerzen	Stirnchakra	● Vertrauen	114	20	34
Krämpfe	Stirnchakra	● Vertrauen	114	20	34
Krankheiten, schwere	Kronenchakra	● Vollkommenheit	130	21	36
Kranksein, ständiges	Wurzelchakra	● Ich	56	15	24
	Herzchakra	▼ Heilung	98	18	30
Krebs	Kronenchakra	● Vollkommenheit	130	21	36
Kreislauf	Halschakra	● Heiterkeit	102	19	32
Kritik, Angst vor	Nabelchakra	▼ Licht	86	17	28
Kritiksucht	Nabelchakra	▼ Selbstbestimmung	84	17	28
Kummer	Herzchakra	▼ Heilung	98	18	30
Lähmungen	Stirnchakra	● Weisheit	118	20	34
	Kronenchakra	● Vollkommenheit	130	21	36
Leber	Nabelchakra	● Selbstwert	82	17	28
Leere	Kronenchakra	▼ All-Einssein	134	21	36
Leistungsdenken, übertriebenes	Nabelchakra	● Selbstwert	82	17	28
Lernblockaden	Halschakra	▼ Lernen	112	19	32
Lieblosigkeit	Herzchakra	● Liebe	92	18	30
Lunge	Herzchakra	● Miteinander	94	18	30
Lustlosigkeit	Wurzelchakra	▼ Unternehmungslust	62	15	24
Machtspiele, Anfälligkeit	Nabelchakra	▼ Selbstbestimmung	84	17	28
Magen	Nabelchakra	● Klarheit	78	17	28
Mandelentzündung	Halschakra	▼ Selbstvertrauen	110	19	32
Materie, Ablehnung von	Sakralchakra	● Fülle	70	16	26
Materie, Überbetonung von	Kronenchakra	● Spiritualität	126	21	36
Melancholie	Stirnchakra	▼ Bewusstsein	122	20	34
Migräne	Stirnchakra	● Vertrauen	114	20	34
Milz	Nabelchakra	● Selbstwert	82	17	28
Missgunst	Herzchakra	● Liebe	92	18	30
Misstrauen	Wurzelchakra	▼ Willenskraft	60	15	24
	Herzchakra	● Liebe	92	18	30
Missverständnisse	Halschakra	▼ Kommunikation	108	19	32

Themen/Blockaden	Chakra	Passender ● Energie- oder ▼ Schutzschild	Seite	Info. Text	Med. Text
Müdigkeit	Wurzelchakra	▼ Entschlusskraft	64	15	24
	Halschakra	● Inspiration	106	19	32
	Kronenchakra	▼ Glückseligkeit	136	21	36
Multiple Sklerose	Kronenchakra	● Frieden	128	21	36
Muskelabbau	Wurzelchakra	▼ Willenskraft	60	15	24
Nackenschmerzen	Halschakra	● Heiterkeit	102	19	32
Nase	Stirnchakra	▼ Intuition	120	20	34
Nebenhöhlen	Halschakra	▼ Lernen	112	19	32
	Stirnchakra	▼ Intuition	120	20	34
Neid	Nabelchakra	▼ Licht	86	17	28
Nervensystem	Stirnchakra	● Weisheit	118	20	34
Nervosität	Halschakra	● Schönheit	104	19	32
Nieren	Sakralchakra	● Begeisterung	68	16	26
Ohnmachtsgefühl	Nabelchakra	▼ Selbstermächtigung	88	17	28
Ohren	Halschakra	▼ Kommunikation	108	19	32
	Stirnchakra	▼ Intuition	120	20	34
Opferverhalten	Nabelchakra	▼ Selbstbestimmung	84	17	28
Partnerschaftsprobleme	Sakralchakra	▼ Sinnlichkeit	72	16	26
Passivität	Stirnchakra	▼ Bewusstsein	122	20	34
Prahlerei	Sakralchakra	▼ Lebenslust	74	16	26
Rücken	Wurzelchakra	● Verwurzelung	54	15	24
Rücken Brustwirbel	Herzchakra	● Gesundheit	90	18	30
Rücken Halswirbel	Halschakra	▼ Selbstvertrauen	110	19	32
Rücken Lendenwirbel	Sakralchakra	● Fülle	70	16	26
Rücksichtslosigkeit	Nabelchakra	● Selbstwert	82	17	28
Schilddrüse	Halschakra	● Schönheit	104	19	32
Schlafstörungen	Nabelchakra	● Ausgeglichenheit	80	17	28
	Halschakra	● Heiterkeit	102	19	32
Schönheitsempfinden, mangelndes	Halschakra	● Schönheit	104	19	32
Schüchternheit	Halschakra	▼ Selbstvertrauen	110	19	32
Schuldgefühle	Sakralchakra	▼ Lebenslust	74	16	26
	Halschakra	● Schönheit	104	19	32
	Stirnchakra	▼ Glauben	124	20	34
Schultern	Herzchakra	● Gesundheit	90	18	30
	Halschakra	▼ Lernen	112	19	32
Sehstörungen	Stirnchakra	● Erkenntnis	116	20	34
Selbstachtung, fehlende	Sakralchakra	▼ Schöpferkraft	76	16	26

Impressum

Bibliografische Information der Deutschen Nationalbibliothek
Die Deutsche Nationalbibliothek verzeichnet diese Publikation in der Deutschen Nationalbibliografie; detaillierte bibliografische Daten sind im Internet über http://dnb.d-nb.de abrufbar.

Barbara Arzmüller
Energie- und Schutzschilde
Belastungen abwehren, Chakren stärken und positive Kräfte anregen. Mit 14 beiliegenden Schild-Karten
ISBN 978-3-86374-406-9
1. Auflage Juli 2017

Mankau Verlag GmbH
D-82418 Murnau a. Staffelsee
Im Netz: www.mankau-verlag.de
Internetforum: www.mankau-verlag.de/forum

Redaktion: Redaktionsbüro Diana Napolitano, Augsburg
Endkorrektorat: Susanne Langer M. A., Germering
Cover/Umschlag: Andrea Barth, Guter Punkt GmbH & Co. KG, München

Gestaltung, Satz: Mankau Verlag, Murnau
Illustrationen/Zeichnungen: Barbara Arzmüller
Energ. Beratung: Gerhard Albustin, Raum & Form, Winhöring
Druck: Westermann Druck Zwickau GmbH, Zwickau/Sachsen

Hinweis für die Leser:
Die Autorin hat bei der Erstellung dieses Buches Informationen und Ratschläge mit Sorgfalt recherchiert und geprüft, dennoch erfolgen alle Angaben ohne Gewähr. Verlag und Autorin können keinerlei Haftung für etwaige Schäden oder Nachteile übernehmen, die sich aus der praktischen Umsetzung der in diesem Buch vorgestellten Anwendungen ergeben. Bitte respektieren Sie die Grenzen der Selbstbehandlung und suchen Sie bei Erkrankungen einen erfahrenen Arzt oder Heilpraktiker auf.

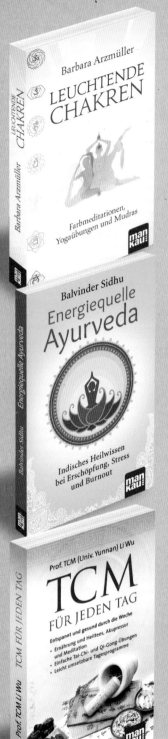

Barbara Arzmüller
LEUCHTENDE CHAKREN
Farbmeditationen, Yogaübungen und Mudras

9,95 € (D) / 10,30 € (A), ISBN 978-3-86374-268-3
Taschenbuch, 223 Seiten

„Neben einer spannenden Elnführung in die Farbenlehre gibt die Autorin Einblicke in die Eigenschaften der sieben Hauptchakras und stellt Methoden zur Reinigung und Aufladung der einzelnen Energiezentren vor. Besonders bemerkenswert ist ihr ganzheitlicher Zugang zu den Farben – hier geht es nicht nur darum, Farben zu sehen, sondern auch zu hören, zu riechen, zu schmecken und zu fühlen. (...) Schön sind auch die von der Autorin selbst gezeichneten Chakra-Schutz- und Energieschilde im Buchdeckel."   Laya Commenda

Balvinder Sidhu
ENERGIEQUELLE AYURVEDA
Indisches Heilwissen bei Erschöpfung, Stress und Burnout

9,95 € (D) / 10,30 € (A), ISBN 978-3-86374-205-8
Taschenbuch, 158 Seiten

Neue Energie gewinnen und das eigene Kraftpotenzial finden und entfalten – diese Schätze können Sie aus der „Energiequelle Ayurveda" schöpfen. Die indische Ayurveda-Therapeutin Balvinder Sidhu stellt Ihnen neue, facettenreiche und effektive Wege vor, auf denen Sie wieder zu Ihrer Energie zurückfinden und diese langfristig erhalten können. In der ganzheitlichen Sicht auf Körper, Geist und Seele werden Sie selbst zum Macher und Gestalter Ihrer Lebensqualität. Sie können spüren, wie sich neue Lebensfreude, Kreativität und Wohlbefinden einstellen.

Prof. TCM Univ. Yunnan Li Wu
TCM FÜR JEDEN TAG
Entspannt und gesund durch die Woche

9,95 € (D) / 10,30 € (A), ISBN 978-3-86374-100-6
Taschenbuch, 190 Seiten

„Prof. Li Wu ist es mit diesem handlichen Taschenbuch gelungen, Grundlagen der TCM zu vermitteln und mit einfachen Übungen und Ernährungsanregungen für 7 Tage Lust zu machen, bewusster mit seinem Körper umzugehen bzw. kleinere Beschwerden wirkungsvoll zu kurieren. Ideal als Einstieg für die Beschäftigung mit TCM oder einfach als praktischer Ratgeber mit ganzheitlichem Zugang."
    Susanne Strobach, Coaching, Mediation, Training für Unternehmen und Einzelpersonen